LE DÉBARQUEMENT EN PROVENCE

DU MÊME AUTEUR

Brest pendant la guerre 1939-1945, éd. CMD, 1999.

L'Égypte antique, in-4°, éd. Fleurus-enfants, 1998, réédité en 1999. Version italienne : *La storia dei popoli gli Egizi per farli conocescere ai bambini,* Bergamo, edizioni Larus, 2000. Version allemande : *Ägypten*, Fleurus Verlag, 1999, rééditée en 2001.

L'Héraldique napoléonienne (ouvrage lauréat de l'Académie française, grand prix 2000 et médaille de vermeil), préface du Pr Michel Pastoureau, *index armorum* par Michel Popoff, éd. du Gui, 1999.

L'Histoire de la sorcellerie, éd. Trajectoire, 2003.

La Figure héraldique du cheval, préface du Pr Michel Pastoureau, Saumur, éd. Cheminement, 2002.

La Salle des croisades au château de Versailles, avec Mlle Claire Constans, préface de M. le doyen Jean Richard, de l'Institut de France, éd. du château de Versailles et éd. du Gui, 2002.

Les Grands Maîtres des sciences occultes, vingt-six biographies, éd. Trajectoire, 2001.

Lorient, l'acharnement des poches de l'Atlantique, Société internationale des éditions scientifiques, 2002.

Mémo Larousse, trois cents articles de vexillologie : les drapeaux des États-nations du monde entier, éd. Larousse, 1990.

Opération Overlord, le débarquement du 6 juin 1944, éd. CMD, 1999.

PHILIPPE LAMARQUE

LE DÉBARQUEMENT EN PROVENCE

Préface de
PIERRE MIQUEL

COLLECTION
DOCUMENTS

le cherche midi

23, rue du Cherche-Midi, 75006 Paris

Vous pouvez consulter notre catalogue général et l'annonce
de nos prochaines parutions sur notre site Internet : cherche-midi.com

Sommaire

Dragoon

Le 15 août 1944 se déclarait en Provence l'un des événements majeurs de notre histoire contemporaine : le débarquement des forces alliées dans le sud de la France. Son nom de code était *Dragoon*.

Quelques semaines auparavant, en juin 1944, l'opération *Overlord*, en Normandie, avait déjà sonné une première fois le glas des forces de l'Axe. Et tandis que cette deuxième percée allait précipiter, en un mouvement synchronisé – véritables mâchoires d'une seule et même tenaille – la chute du Reich, l'Histoire semble avoir désarticulé son bel outil de guerre en accordant au *D-day*, et seulement au *D-day*, l'exclusive de la mémoire.

Que s'est-il passé ? La petite et la grande aiguille d'une horloge n'indiquent-elles pas toutes deux la même heure ?

Philippe Lamarque part de ce constat. Quelque chose semble s'être détraqué dans la météo historique du XXe siècle. L'Histoire ferait-elle son cinéma ?

D'un côté, la mise en scène du jour le plus long a été préparée, note-t-il, jusque dans le souci du détail biblique – le débarquement en Normandie se serait *le 6e jour du 6e mois, par la 6e Airborne division*, suivi immédiatement, souvenez-vous de l'Apocalypse, de l'émergence de la bête aquatique. De l'autre, on a occulté les mérites d'un deuxième front que l'on s'est empressé d'oublier dès le premier jour du rapatriement du Gouvernement provisoire d'Alger.

Aussi, c'est en Normandie que se cueillaient les baisers de la gloire comme nulle part ailleurs. Ni la Provence, ni Koursk, ni Stalingrad ou encore Berlin, emplacements de batailles tragiques, au moins autant chargées d'effectifs en hommes et en matériel, ne sauraient, à l'avenir, divertir les esprits du tintement des cloches de Sainte-Mère-Église, seul héraut des forces alliées.

Les causes de cet oubli du débarquement de Provence ?

Il en est plusieurs, toutes combinées. Mais la plus regrettable, celle que redoute Philippe Lamarque, c'est l'oubli lui-même. Écrire en sorte que cet ouvrage ne s'adresse pas uniquement aux anciens combattants est une exigence de l'auteur. Après tout, que les Provençaux s'intéressent à leur passé au même titre que les Normands ne devrait surprendre personne.

L'attitude de la France face à cet oubli encombrant n'est pas exempte de responsabilités. Ainsi les grandes figures héroïques (Leclerc, De Lattre, Juin) du trident français qui avait extirpé l'Hexagone des marécages de la honte n'ont guère su démentir ce tri abusif de la mémoire. Le silence les a gagnées elles aussi.

Avec Leclerc à titre posthume, premier disparu des mousquetaires, Juin et De Lattre furent élevés au titre de maréchal tandis que l'Amérique, plongée dans les frimas de la guerre froide, voyait déjà d'un mauvais œil tout ce qui concourait, de près ou de loin, au rétablissement du prestige d'un Empire colonial problématique.

On enterrait ainsi à la hâte les Africains tués à Belfort en préférant célébrer l'image, certes réconfortante, du GI victorieux et libérateur, distribuant à tout-va chocolat et Lucky Strike.

Et cependant, que de sacrifices oubliés ! Un soldat sur cinq venant d'Afrique, pour ne donner qu'un chiffre, est tombé aux côtés des Alliés pendant cette guerre. De même a-t-on réservé un écho modeste aux combats acharnés qui se sont livrés sur la chaîne des Maures et de l'Esterel.

La Provence a depuis lors retrouvé ses plus tendres couleurs, et les plages de galets de Théoule-sur-Mer n'ont jamais été si tranquilles...

Et pourtant, qui se souvient de la *Kodak Force*, nom de code du sixième corps d'armée US, cantonnée il n'y a pas si longtemps encore ici, au sein de cette ligne de retranchement qui s'étalait du Golfe de la Napoule jusqu'à Hyères ?

Les Américains l'appelaient *blue line*.

En venant mourir ici avec les partisans français et d'autres combattants du monde libre, ils poursuivaient un horizon. Berlin, il est vrai, n'était plus très loin. À peu près, dirait Philippe Lamarque, la distance qui sépare la porte de Brandebourg d'Omaha Beach.

Pierre MIQUEL

Que les Français en grande majorité aient, par référendum, confirmé, approuvé, l'abandon de l'Algérie, ce morceau de France trahi et livré à l'ennemi, qu'ils aient été ainsi complices du pillage, de la ruine et du massacre des Français d'Algérie, de leurs familles, de nos frères musulmans, de nos anciens soldats qui avaient une confiance totale en nous et qui ont été torturés, égorgés, dans des conditions abominables, sans que rien n'ait été fait pour les protéger, cela je ne le pardonnerai jamais à mes compatriotes. La France est en état de péché mortel. Elle connaîtra, un jour, le châtiment.

Alphonse JUIN, *maréchal de France*

Table des abréviations usuelles

AEF :	Afrique-Équatoriale française
AFN :	Afrique française du Nord
AOF :	Afrique-Occidentale française
CAUS :	Corps d'armée américain
DBLE :	13e demi-brigade de la Légion étrangère
DIA :	Division d'infanterie algérienne
DIC :	Division d'infanterie coloniale
DIM :	Division d'infanterie marocaine
DIUS :	Division d'infanterie américaine
DMI :	Division de marche d'infanterie
FLAK :	Pièce d'artillerie antiaérienne
GMR :	Groupe mobile de réserve
GPRF :	Gouvernement provisoire de la République française
GTM :	Groupe de tabors marocains
HMS :	*Her Majesty Ship*
ID ou JD :	Division d'infanterie allemande
LCI :	*Landing craft infantry*
LCT :	*Landing craft tank*
MAAF :	*Mediterranean Allied Air Force*
MRT :	Méthode de raisonnement tactique (voir le lexique)
OKH :	Grand état-major des forces terrestres allemandes

OKW : Grand état-major des forces armées allemandes
OSS : Services secrets américains
OT : Organisation Todt
PAK : *Panzer Abwehr Kanone*. Pièce d'artillerie antichar.
RACM : Régiment d'artillerie coloniale du Maroc
RCA : Régiment de chasseurs d'Afrique
RCT : *Regimental combat team* (voir le lexique)
RICM : Régiment d'infanterie coloniale du Maroc
RMLE : Régiment de marche de la Légion étrangère
RSA : Régiment de spahis algériens
RST : Régiment de tirailleurs sénégalais
RTA : Régiment de tirailleurs algériens
RTM : Régiment de tirailleurs marocains
RN : Route nationale
RCCC . Régiment colonial de chasseurs de chars
SOL : Service d'ordre légionnaire
SR : Service de renseignements
STO : Service du travail obligatoire (voir le lexique)
TD : *Tank destroyer*
TED : Tableau des effectifs et des dotations (voir le lexique)
US Air Force · Aviation américaine
USMC : *Marine's corps*. Troupes terrestres spécialisées en opérations amphibies
US Navy · Marine de guerre américaine

Avertissement

Une épopée qu'il faut sortir de l'oubli

Débarquement ! Ce mot magique qui évoque immédiatement les opérations de Normandie entre le 6 juin 1944 et la fin du mois d'août 1944 semble avoir capté toute l'attention du public. Non seulement en France, mais encore chez l'ensemble des puissances alliées, l'inconscient collectif n'a retenu principalement du conflit que cet événement, certes important, mais qu'il convient d'envisager dans sa juste perspective. Un inventaire rapide des causes de cette renommée permettra ensuite de comprendre pourquoi le débarquement de Provence à partir du 15 août est si longtemps resté dans l'ombre, en dépit de son poids dans la guerre sur le front de l'Ouest.

Le 6 juin : date vedette et médiatique

L'image du débarquement de Normandie est due à une conjonction de faits qui le mettent en lumière, au détriment des autres opérations. Au Royaume-Uni, Churchill prépare sa revanche depuis quatre ans. Il a flairé avec génie la faiblesse interne de la dictature hitlérienne dès la démobilisation des classes âgées en juillet 1940, dès le discours de Hitler au Reichstag proposant au peuple de « Germains anglo-saxons » *(sic)* une paix de compromis. Chaque année, depuis le règne de la reine Victoria, un groupe d'Anglais excentriques fait paraître dans *The Times* une annonce nécrologique pour célébrer la mort du roi Harold II à Hastings, face aux envahisseurs. Ces fantaisies illustrent l'intense soif de revanche qui anime les Saxons qui veulent rendre leur politesse aux Normands de 1066, ce dont témoignent les polémistes depuis Cromwell. Les voilà satisfaits depuis 1944. Les colossaux moyens industriels concentrés dans l'île irréductible, déversés sur les plages du continent, sont restés dans les mémoires comme le témoignage d'une formidable empoignade où l'on ne recule pas devant la dépense. Cette période de puissance britannique, fût-elle provisoire, illusoire, mythique, à crédit, aux frais de l'Allié colonisé jusqu'en 1776, reste un point d'ancrage dans la nostalgie : *« Rule Britania, Britania rule the waves, Britons, Britons never shall be slaves. »* Ce chant secoue d'émotion l'homme de la rue encore aujourd'hui. Overlord (nom de code du débarquement de Normandie) se pare du vocable de croisade. Par la force de la symbolique puisée dans l'Apocalypse johannique, les esprits absorbent l'image subliminale d'un événement qui s'est produit le 6e jour du 6e mois, inauguré par la 6e Airborne division, suivi de l'émergence de la bête aquatique. Il est difficile pour Dragoon (nom de code du débarquement de Provence) de concurrencer la puissance de ces icônes et de leur dimension surnaturelle.

La superproduction cinématographique du *Jour le plus long* imprime pour longtemps l'image idéalisée, magnifiée, conforme au mythe hollywoodien, d'une geste homérique mâtinée de clichés empruntés à Superman. Occultant les autres phases du conflit, Overlord masque les batailles où furent engagés des moyens humains très supérieurs, comme à Koursk, Stalingrad et Berlin. Que ce *Jour le plus long* soit particulièrement célébré dans les pays belligérants concernés, rien de plus logique. En revanche, l'audience internationale semble un peu moins aller de soi. La réponse se trouve dans la reconversion des stocks. Omniprésents pendant plus de deux décennies, les surplus deviennent des produits dérivés, des atouts au service de la superpuissance : jeep, camion Dodge ou GMC, Douglas-Dakota, liberty ship, convertis en engins civils, font que le grand public prend les USA pour une corne d'abondance. Il existe aujourd'hui des collectionneurs qui les conservent comme des fétiches. Or, ces engins au service de la reconstruction dans une Europe saccagée conjuguent leurs effets avec ceux de la propagande, de la mode imposée par le vainqueur, avec ses cigarettes, ses boissons, son cinéma, Glenn Miller et l'*American way of life*. Sur le vieux continent rôde la peur de la guerre froide et de la terreur nucléaire. À tout moment, espère-t-on, le supervengeur peut soudain sortir des eaux, repousser l'envahisseur diabolisé, en rééditant le débarquement, véritable grand-messe de la délivrance.

Il existe une école très concrète de stratégie qui prouve que l'on ne peut plus penser la guerre de la même manière depuis Hiroshima et Nagasaki. Comparé à ces figures du Léviathan, Dragoon fait figure d'événement qui mérite trois minutes aux informations de 20 heures. Après 1962, la Méditerranée occidentale n'intéresse plus personne dans l'opinion, sauf les groupes multinationaux d'hydrocarbures et les coopérants francophones, pour lesquels Dragoon ne signifie plus rien. Réduite à un cul-de-sac, le canal de Suez étant bouché dès 1956, cette mer n'a plus d'autre débouché que le détroit de Gibraltar que surveillent la garnison britannique et la 8e flotte de l'US Navy. Comme son nom l'indique, l'OTAN veille sur l'Atlantique Nord. Seul intéresse le SHAPE son glacis en face du sanctuaire, ce *British Channel* qui a vu la véritable procession michaélique de la flotte du 6 juin. Afin de mieux sacraliser l'image, chaque anniversaire revêt le caractère d'une cérémonie grandiose. Grâce à une importante signalisation routière mise en place en 1994 et un maillage de monuments, la Normandie cultive le souvenir. Un coûteux mémorial organise des grands spectacles à Caen, auxquels s'ajoutent dans toute la Basse-Normandie de nombreux petits musées privés nettement plus intéressants, qui conservent des objets authentiques et des mannequins en tenue.

Face à ces atours, que propose donc le débarquement de Provence du 15 août ? Une modeste livrée

Son aspect stratégique de contournement s'avère difficilement compréhensible pour le grand public. Son image de tenaille complémentaire à la pince de Normandie le relègue parmi les opérations de diversion. Les débarquements autres que celui de Normandie apparaissent confus au public : le Maroc, Alger, la Sicile, la Corse, l'île d'Elbe, sans compter les lointaines opérations répétitives du Pacifique. Qui sait situer Iwō-Jima sur une carte ? Qui connaît les sites exacts en Provence ? Leur éloignement de Paris, impardonnable dans un pays jacobin et centralisateur, les situe dans une lointaine contrée qui n'est déjà plus celle de Raimu, mais pas encore celle de Marcel Pagnol et de Brigitte Bardot. Dans l'esprit de nombreux Français, la guerre cesse à Paris le 25 août. Le reste du pays va fêter la paix pendant le rude hiver 1944, malgré les restrictions, tandis qu'au lointain les combats font rage à Belfort et que nos Africains s'y font tuer.

En Algérie, une fraction du peuple de France, au sein de laquelle un homme mobilisé sur cinq n'est pas rentré chez lui, peut-elle revendiquer devant les Alliés la part française de la délivrance ? Symboliquement, le gouvernement provisoire quitte Alger pour Paris, en plein déroulement des opérations. Le débarquement du 15 août ne le concerne pratiquement plus. Dans l'usucapion du pouvoir, cette affaire devient presque embarrassante. Toute image concurrente doit être effacée. Pendant les années qui suivent le conflit, les trois rivaux, anciens camarades de la même promotion à Saint-Cyr, qui se tutoient mais ne s'aiment pas, ne jugent pas utile d'exalter l'image de Dragoon : de Gaulle parce qu'il traverse le désert ; de Lattre parce qu'il est brisé par la maladie et par le chagrin que lui cause la perte de son fils unique tué en Indochine ; Juin, parce qu'il a été évincé de Dragoon pour aller « pantoufler » *(sic)* dans un état-major interallié. En janvier 1952, le président Auriol signe le décret conférant le maréchalat à titre posthume à de Lattre de Tassigny lors de ses obsèques. Il signe un autre décret le 14 juillet 1952 en faveur d'Alphonse Juin. Par une sage mesure politique, le président de la République confère aussi le maréchalat à titre posthume à Leclerc, nonobstant les dérogations, étant donné son prestige auprès de la population parisienne. Elle se souvient de l'accueil qu'elle réserva aux blindés débarqués en Normandie. Juin, reçu à l'Académie française en novembre, est le seul médaillé militaire, donc en règle avec les traditions du maréchalat. Malgré son action de commandant en chef en Tunisie et en Corse, Giraud n'est pas compris dans cette promotion.

Pendant la guerre d'Indochine (1945-1954), les unités de tradition ayant participé au débarquement de Provence se battent dans les rangs du corps expéditionnaire français d'Extrême-Orient. Pendant ce temps en Europe, les intérêts du SHAPE et ceux d'une partie de l'opinion opposée à la politique coloniale se recoupent. Overlord reste l'emblème de la liberté, tandis que les troupes coloniales et africaines cristallisent l'image de l'oppression, la « sale guerre ». Pendant la guerre d'Algérie (1954-1962), le SHAPE reproche vivement à l'armée française d'alléger son dispositif en centre-Europe au profit de l'AFN. C'est l'occasion pour Kennedy de stigmatiser toutes les politiques coloniales des empires déclinants, de magnifier les cérémonies commémoratives du 6 juin et de renforcer leur audience internationale. Les tensions sont telles que le chef de l'État les boycotte en 1964, préférant présider les timides manifestations du vingtième anniversaire en Provence.

Une large part de l'opinion de France métropolitaine ne se sent pas concernée par la 1re armée : elle n'y est représentée par aucun conscrit. Le gouvernement provisoire de 1944 recrute une partie de son personnel parmi les compagnons de la Libération et les médaillés de la Résistance, alors qu'aucune de ces distinctions n'a été concédée aux vétérans du débarquement de Provence. Vexante pour certains décideurs métropolitains vaincus en 1940, la gloire des revanchards de l'armée d'Afrique doit être atténuée dans un souci d'ordre public. Dans l'euphorie des grandes grèves d'après-guerre, le vieux réflexe antimilitariste confond allégrement dans sa gouaille populaire tout ce qui porte une tenue : les ganaches réactionnaires galonnées, le Feldgrau casqué, les inquiétants turcos que l'on préfère voir occuper l'Allemagne plutôt que les bistros de garnison. À part quelques modestes plaques commémoratives sur la Côte d'Azur, il ne reste que peu de traces de Dragoon. Il existait autrefois le musée de l'armée d'Afrique au cercle des officiers Maréchal-Franchet-d'Esperey de la garnison d'Alger. Une grande partie des collections fut immergée dans le port en 1962. Avec la décolonisation, les anciens combattants des départements d'Algérie (musulmans et pieds-noirs), les anciens tirailleurs marocains, tunisiens et sénégalais, ne risquent plus d'être présents aux commémorations. Pire, ils dérangent. Qu'ils se contentent donc de toucher leurs pensions au pays ! La France frileuse de l'Hexagone se satisfait des Trente Glorieuses de Fourastié et de la « bombinette » du général Ailleret.

Ce sujet attend son cinéaste. Certes, on peut rencontrer le livre de Robichon, largement diffusé en 1963 par les éditions Robert Laffont, mais épuisé. Ce dernier recueille des témoignages, sans oser se livrer à une étude stratégique simple. Comme les poilus pendant les années folles, quelques vétérans ont publié dans les années cinquante, en tirage restreint, leurs monographies et journaux de marche, mais ne s'adressant qu'à leurs frères d'armes. C'est pourquoi il faut aujourd'hui satisfaire la curiosité des nouvelles générations, autant que celle des descendants de rapatriés dont beaucoup vivent en Provence, que celle des Provençaux qui aimeraient savoir ce qui s'est passé chez eux. Au-delà, les peuples dont les ancêtres furent impliqués dans ce drame ont le droit d'en connaître les mécanismes.

En ce début de IIIe millénaire, les fastes militaires et leur cérémonial complexe et hermétique ne parlent plus au grand public. Avec la fin de la conscription, ce dernier cesse peu à peu « d'aller voir et complimenter l'armée française », comme dit la chanson du brave général Boulanger. Au contraire, les médias diffusent largement les images de CNN avec les caméras face aux vagues d'assaut amphibies en mer Rouge et dans le golfe Persique. L'actualité regorge d'images de choc sur la guerre du faible au fort, appelée résistance ou terrorisme au gré des jugements de valeur. Voilà sans doute pourquoi Overlord et la Résistance parlent à l'imaginaire collectif, tandis que Dragoon appartient aux images d'Épinal révolues du temps des canonnières coloniales et des soldats de plomb, rutilants et bien alignés. Depuis un demi-siècle, l'opinion allemande se sent moins humiliée d'avoir dû plier devant le colossal complexe militaro-industriel déployé en Normandie que devant notre armée à l'échelle humaine, au caractère multiculturel, multiracial et authentiquement français. Aux yeux de nos actuels partenaires européens, nous appartenons aussi au camp des vaincus, mais avec quatre ans d'avance sur eux.

I

Genèse de l'opération

Avant l'ouverture du front de l'Ouest

Depuis le déclenchement de l'opération Barbarossa le 22 juin 1941, le poids essentiel de la guerre pèse sur le front russe. Comme autrefois le Reich des Hohenzollern en 1916, celui du dictateur ressemble à une forteresse assiégée sans plan défensif d'ensemble. Verrouillée par des contraintes diplomatiques, des accords d'armistice variés, des territoires occupés sous le contrôle d'administrations rivales, cette nébuleuse carlovingienne se trouve au bord de l'écroulement, alors qu'elle semble à l'apogée de sa puissance. L'appellation de Seconde Guerre mondiale masque la réalité d'un colossal affrontement entre les peuples allemand et russe, la rivalité de leurs deux dictateurs respectifs, à côté de laquelle les autres fronts font figure de stratégie indirecte, aux effectifs et aux moyens limités par rapport au front de l'Est. Un peu moins d'un an après Barbarossa, le 26 mai 1942, Molotov signe à Londres un traité d'alliance anglo-russe. Le maréchal Staline attend impatiemment un second front en Europe occidentale. Il doit se résoudre à l'évidence et consentir, lors de la conférence de Moscou en septembre 1942, à ce que les Alliés procèdent par étapes. Churchill et l'ambassadeur américain Harriman l'informent que seule l'opération Torch, l'invasion de l'Afrique du

Nord, est possible. Le maréchal Staline manifeste son mécontentement. Les services secrets alliés captent l'intention du Kremlin de négocier une paix séparée avec Berlin, par l'intermédiaire de Tokyo.

Un complot réussi

Toujours active, la Cagoule forme en Alger le Groupe des cinq, dont les membres entretiennent des relations privilégiées en milieu militaire. Les deux principaux membres, Jacques Lemaigre-Dubreuil et Henri d'Astier de La Vigerie, considèrent que l'AFN va représenter un atout stratégique décisif. Ils proposent aux agents américains d'y faire débarquer des troupes, bien avant que les états-majors n'y songent. Tous savent que l'US Army de cette époque est en pleine réorganisation, mal encadrée, peu entraînée, inapte au combat. Au contraire, l'armée d'Afrique, excellente troupe aguerrie, est capable de repousser brutalement une opération amphibie. Friande de citations légendaires, l'opinion publique ne sait à qui, Darlan ou Weygand, attribuer l'apostrophe faite aux Américains : « Si vous débarquez avec 50 000 hommes, je vous fais tirer dessus ; si vous débarquez avec 500 000 hommes, je vous ouvre les bras. » Parallèlement aux menées des activistes cagoulards issus de l'Action française, les réseaux de gauche se mettent en place. Plongeant leurs racines dans le substrat saint-simonien implanté dès l'origine en AFN, les patriotes de sensibilité radicale ou socialisante recrutent leurs partisans dans l'intelligentsia urbaine algéroise. Parmi les plus actifs se trouvent les étudiants en médecine autour du professeur Aboulker. Après l'échauffourée sanglante du Maroc, Churchill emporte la décision, bien que les Britanniques soient absents du débarquement du 8 novembre 1942. Rares sont les complots qui aboutissent, mais celui d'Alger témoigne de la réconciliation entre des communautés opposées depuis le siècle précédent : les ouailles de monseigneur Lavigerie ralliées à la République après le « toast d'Alger », les bénéficiaires du décret Crémieux et les électeurs de Max Régis proches d'Édouard Drumont.

L'armée de Weygand inquiète autant Hitler que les Alliés

Les Alliés calculent qu'en attaquant l'État français, réduit à la neutralité par les clauses de l'armistice de Rethondes, ils vont déstabiliser le dispositif allemand très léger d'occupation à l'Ouest et, par son renforcement, soulager quelque peu le front de l'Est, afin de satisfaire Staline. L'armistice du 24 juin 1940 ayant pour but de maintenir la souveraineté française en lui concédant des forces de maintien de l'ordre intérieur et de sécurité extérieure, il suffit de provoquer Hitler en lui démontrant l'incapacité de Vichy à se maintenir hors de la guerre. Le débarquement allié au Maroc agace le dictateur ; plus encore, le débarquement d'Alger provoque sa colère. Dès le 8 novembre 1942, un corps de débarquement américain attaque les possessions françaises et s'empare d'Alger. Aussitôt, le Führer ordonne l'invasion de la zone libre afin de se prémunir contre un débarquement en Provence. Une conférence alliée à Anfa, près de Casablanca, arrête le principe d'un *assaut contre la forteresse Europe*, décidé entre le 14 et le 24 janvier 1943. L'Afrique du Nord doit servir de base logistique aux opérations amphibies. Le débarquement de Sicile conduit à son abandon définitif par les forces germano-italiennes le 16 août 1943, suivi de deux autres assauts amphibies en Calabre, le 3 septembre à Tarente et le 9 septembre à Salerne.

Les tensions sont vives entre Américains et Britanniques. Pour le nouveau supergrand allié du Royaume-Uni à la veille de son déclin, ces affaires d'AFN, de Sicile et d'Italie continentale ne sont que des compromis concédés en attendant d'affirmer sa suprématie planétaire. Soucieux de conserver les verrous géopolitiques de Gibraltar et de Malte, impatient de détruire définitivement la puissance navale française en achevant l'œuvre de Mers el-Kébir (opération Catapult, 3 juillet 1940) et de Dakar (23 septembre 1940), Churchill ne masque pas sa satisfaction devant le sabordage de la flotte à Toulon, ordonné par l'amiral de Laborde (27 novembre 1942). Parfaitement lucide et cynique, il rechigne à engager l'effort total en France métropolitaine. Il sait d'avance que la démographie britannique est incapable de soutenir les besoins en infanterie dans une guerre continentale. Il sait déjà que le mode de recrutement des bataillons d'infanterie selon une assiette territoriale, inchangée depuis les mesures de Kitchener en 1915, ne correspond plus au vide des campagnes. L'exode rural prive l'armée de fantassins. Quant aux ouvriers des cités, qui échappent à ce découpage par comté, il est possible de les inciter à servir dans les troupes techniques, mais leur hygiène de vie en rend beaucoup incapables de passer le conseil de révision.

Marshall veut évincer les Britanniques de la Méditerranée

L'avenir va confirmer les craintes de Churchill dès juillet 1944, lorsque ses blindés ne pourront plus être soutenus par des troupes d'accompagnement en pleine bataille de Normandie. En Provence, il devra renoncer à y expédier des troupes du Commonwealth. Pour le moment, il tergiverse et obtient du général Marshall, chef d'état-major de l'armée américaine, l'intervention contre les possessions françaises d'Algérie. Il est vrai que ce futur organisateur du plan de reconstruction veut donner une priorité au théâtre d'opération européen au détriment de celui du Pacifique. En Europe proprement dite, il préfère obliger les Britanniques à opérer dans la Manche afin de les contraindre à respecter leur alliance, plutôt que de détourner les moyens vers la Méditerranée, qu'ils veulent contrôler de Gibraltar à Suez. Il refuse que l'effort de guerre américain aboutisse à affaiblir les deux puissances coloniales française et italienne au profit d'une troisième qui veut contrôler la route la plus courte vers les Indes britanniques.

La France revient dans la guerre

Au cours de l'hiver 1942-1943, l'armée française d'Afrique reprend le combat sur la dorsale tunisienne, où elle rétablit une situation tactique compromise par une faute américaine. Si les nôtres y gagnent l'estime de leurs nouveaux alliés et en profitent pour leur réclamer du matériel moderne, la Stavka observe avec dédain la maladresse de ces amateurs. La tension monte entre Staline et les Alliés, malgré la création d'un théâtre d'opérations en Italie, jugé mineur par les Russes. Le maréchal soviétique argue du fait que l'armée Rouge « porte tout le poids » de la guerre continentale. À Washington entre le 11 et le 25 mai 1943, la conférence Trident réunit Churchill, Roosevelt et leurs cabinets militaires respectifs. Ils arrêtent la décision de l'opération Overlord, le débarquement sur la façade atlantique ou de la Manche, fixée au 1er mai 1944. Les conférenciers se séparent dans l'expectative d'une paix séparée, toujours menaçante, entre l'Allemagne et l'URSS d'une part, la Chine et le Japon d'autre part. En juin 1943, Staline donne un gage de bonne volonté en supprimant officiellement le Komintern, mais en décembre, ne voyant toujours aucune opération en France, la tension monte d'un cran entre les Alliés. Lors d'une seconde conférence, en août 1943, sous le nom de code Quadrant, au Québec, l'opération Overlord est confirmée. Elle doit être doublée par une autre pince de tenaille, l'opération Anvil, un débarquement en Provence.

L'éternelle rivalité franco-anglaise

Churchill, conscient de la faiblesse de ses troupes terrestres, masquée par une habile propagande, mais démontrée par les maladresses de Montgomery en Afrique du Nord et en Sicile, préférerait monter une opération dans les Balkans, qu'il appelle le ventre mou, les parties sensibles, de la forteresse Europe. L'ancien premier lord de l'Amirauté a gardé un amer souvenir de ses fautes dans les Dardanelles en 1916 et une jalousie certaine à l'égard de la victoire de Jouineau-Gambetta et de sa brigade de cavalerie d'Afrique, composée d'un régiment de chasseurs d'Afrique et un autre de spahis, soit quelques centaines de sabres à peine, qui forcèrent la Bulgarie à la capitulation, le premier de tous les empires centraux en 1918. Voir à nouveau nos troupes d'Afrique faire de l'ombre aux très orgueilleux et très aristocratiques régiments de tradition de Sa Très Gracieuse Majesté l'indispose au plus haut point. Lui aussi s'impatiente du succès de l'armée d'Afrique qui a refusé de se rallier à la dissidence. Churchill insiste aussi parce qu'il a lourdement misé sur Tito, en abandonnant sans remords le colonel Mihajlović, ancien de la Grande Guerre, et pense que la Grande-Bretagne a tout à gagner en bloquant l'extension de l'Italie vers les Balkans. Face à Churchill, Roosevelt et Marshall se montrent intraitables. Ils savent que le déclin de la Grande-Bretagne est définitivement consommé. Les États-Unis ont pris le pas sur leur allié. Lors de la conférence de Moscou du 19 octobre 1943, la tension diminue avec les Russes. Molotov obtient l'assurance d'un débarquement en France au printemps 1944 et se moque éperdument que, pour des raisons de prestige, Montgomery mène la première phase d'Overlord avant le déploiement complet, devant alors laisser le commandement suprême à l'Américain Eisenhower.

La décision définitive de l'ouverture du front de l'Ouest

La conférence de Téhéran, tenue du 28 novembre au 1er décembre 1943, réunit les trois principaux chefs d'État alliés et leur ministre respectif des Affaires étrangères : Staline et Molotov, Roosevelt et Hopkins, Churchill et Eden. Le second front doit s'ouvrir sur le territoire français :

– l'opération Overlord, dans le Calvados et le Cotentin, doit ouvrir la route principale de l'Allemagne ;

– l'opération Anvil, rebaptisée Dragoon pour tromper les services de renseignement allemands, programmée en Provence pour le 1er août, doit la suivre immédiatement. Si Overlord sert de marteau, il n'attend plus que l'enclume, Anvil, donc les SR allemands risquent de comprendre que l'endroit le plus sensible se trouve en Provence.

Anvil bénéficie de moyens très inférieurs à ceux d'Overlord. Elle doit attendre que le matériel amphibie soit disponible, que les troupes mises à terre aient agrandi leur tête de plage et dégagé une zone de desserrement suffisante pour leur plate-forme logistique. Ensuite, ce qu'il reste en bon état de la flotte d'escorte, des chalands et des barges doit faire route vers les ports de guerre français d'Algérie et se contenter de moyens restreints pour ouvrir le front de Provence. Considérée comme indispensable à titre de diversion, jugée réalisable malgré les contraintes, Anvil doit éventuellement se reconvertir en opération principale de percée vers le sillon rhodanien et les Vosges si Overlord devait être contenue par la garnison statique allemande, voire rejetée à la mer.

Aux sources d'Anvil

Le but d'Anvil consiste à s'emparer des ports de Toulon et de Marseille pour y créer une base logistique permanente, puis lancer une armée vers Lyon et enfin Belfort. Attentive au tracé du front de Normandie et aux éventuels changements de l'axe d'effort, cette armée doit, soit attirer sur elle les renforts ennemis destinés à la Normandie, soit contraindre les garnisons allemandes du Sud-Ouest à évacuer les ports de la façade atlantique, soit à les laisser s'y enfermer.

Les moyens consacrés à Anvil sont placés sous le commandement américain à l'échelon de ce compartiment de front. Il est prévu d'inclure cet échelon tactique dans un ensemble stratégique à partir du 15 septembre 1944, sous le commandement du général Eisenhower, *commandant suprême des forces expéditionnaires en Europe*. À cette date, même le front de Normandie sous le commandement de Montgomery sera supervisé par Eisenhower. Ce nouveau dispositif doit remplacer celui qui est en vigueur depuis décembre 1941, constitué d'un comité regroupant les chefs d'états-majors généraux des trois armées (terre, air, marine) des deux principaux alliés. Ces *Combined chiefs of staff* ont pour mission d'élaborer les directives données aux commandants en chef des compartiments de front. Le général Eisenhower assumera donc une responsabilité équivalant à celle de Foch, généralissime en 1918. Avant de prendre son commandement, il est consulté à propos des moyens à mettre en œuvre pour Anvil et les estime à dix divisions, dont trois monteront à bord de la flotte d'assaut, précédant les sept autres de un à trois jours échelonnés en fonction du potentiel navigant.

La mission et l'articulation du commandement

En décembre 1943, l'état-major de la 7e armée américaine est stationné au repos à Palerme, sans troupes sous ses ordres depuis la fin de la conquête de la Sicile. Son personnel technique, ses équipements de bureautique et de transmission sont entièrement disponibles pour recevoir une nouvelle mission. La directive du 29 décembre 1943 se traduit par la définition d'une stratégie de débarquement visant à créer une tête de pont avec des troupes franco-américaines, puis de leur faire conquérir Lyon et Vichy. Un détachement réduit baptisé Force 163 quitte Palerme pour Alger le 12 janvier 1944, où il prend le nom d'état-major de préparation (dit *planning*). Selon le plan de l'AFHQ, Allied Force Headquarters, les phases successives seront :

– la conquête du port de Marseille ;
– la construction de terrains d'aviation ;
– la percée vers le nord, par le sillon rhodanien.

Un choix difficile s'impose, celui de la zone d'assaut. La côte du Languedoc semble la plus accessible pour la mise à terre. Toutefois, l'unique port, Sète, limite la capacité de fret à 7 000 tonnes par jour. Les canaux qui le relient à la mer se prêtent à des destructions faciles par le génie allemand s'il venait à saborder préventivement les accès. Pire encore, la rupture de charge alourdit les opérations de manutention. Entre la plage et le port, la distance à couvrir oblige l'artillerie antiaérienne à déployer un nombre considérable de batteries. Enfin, les liberty ships jaugent un tirant d'eau qui excède la profondeur des canaux. Au contraire, Toulon avec sa capacité de 10 000 tonnes et Marseille avec 20 000 tonnes ne présentent que des avantages pour servir de base d'approvisionnement à l'invasion, mais il est hors de question d'y livrer un assaut frontal. Comme le delta du Rhône, spongieux, mal équipé en ouvrages d'art et au réseau routier dérisoire, est exclu, il ne reste plus que la rade d'Hyères et la baie de Cavalaire-sur-Mer. L'assaut principal devant être donné par trois divisions d'infanterie, elles seront devancées dans l'hinterland par des troupes aéroportées et flanc-gardées dans les îles par des commandos. Une fois les têtes de plages assurées, les troupes françaises débarquant à J + 3 enlèveront Toulon et Marseille.

L'ombre de Bonaparte s'étend sur Anvil

Alphonse Juin veut percer vers l'Autriche et planter la lame dans le cœur du Reich, exactement comme Bonaparte lors de la paix de Campoformio. Toutefois, il doit bien vite renoncer à son dessein grandiose, simple et génial à la fois. Le théâtre d'opérations en Italie monopolise tous les gros moyens alliés en Méditerranée occidentale. Ailleurs, çà et là, seuls les services secrets maintiennent d'épisodiques contacts en vue de glaner des renseignements. Il est inconcevable de prélever des forces, ni face à la ligne gothique (fortifications allemandes en Italie), ni dans le sud de la Grande-Bretagne. Il serait inimaginable de perturber la lourde logistique qui aménage les zones de desserrement de garnisons, les arsenaux des forces navales d'appui et de débarquement rassemblées en perspective d'Overlord, le débarquement de Normandie. Le commandement britannique rechigne à commettre ce qu'il appelle une dispersion des efforts, tout simplement parce qu'il est incapable de soutenir la logistique d'un front médian capable de s'enfoncer comme un coin entre l'Italie et la Manche. L'US Army, fermement décidée à passer outre, nomme, le 2 mars, le général Patch, commandant la 7e Armée, à la tête de l'opération. Patch est entré dans l'histoire militaire à Guadalcanal. Cet expert des opérations combinées navales et terrestres à l'échelle des archipels du Pacifique a montré son savoir-faire dans des manœuvres limitées, capables de détruire des installations fortifiées côtières grâce à des unités de US Marines spécialement rodées à cet emploi. Il sait parfaitement synchroniser l'appui des chasseurs-bombardiers volant en rase-mottes, le soutien des pièces lourdes d'artillerie navale, la progression en perroquet de ses fantassins et de son génie d'assaut, afin de grignoter la plage et ses points d'appui fortifiés. En revanche, les compétences de Patch sont nettement plus réduites s'il s'agit de tenir à distance la marine ennemie, mais il n'a jamais eu ce souci et sait qu'il est sans grand risque en Provence. En effet, la Kriegsmarine est limitée à des unités auxiliaires constituées de chalutiers de réquisition ; quant à la marine italienne, il ne reste rien des grandes unités royales, depuis les affaires de Matapan et d'Alexandrie. Il n'y a rien à craindre des redoutables fusiliers marins du prince Borghèse, qui sont bien loin. Le savoir-faire de Patch comporte des lacunes dès qu'il s'agit de monter une grande opération continentale, mais il en sait nettement plus long que ses homologues français pour avoir étudié la géopolitique à West Point. Il brûle d'impatience de faire ses preuves. Certes, il n'a aucune expérience d'officier de tranchée de 1918, contrairement à ses chefs. Toutefois, il a toujours échappé à la routine des garnisons.

De Lattre évince Giraud

De subtiles manœuvres politiques en Alger ont modifié les paramètres stratégiques du commandement français. Le 15 avril, le CFLN nomme le général de Lattre de Tassigny au commandement d'une future armée B prélevée sur le potentiel de combat en Italie. Décision purement politique, d'une valeur fictive au regard des contraintes opérationnelles, elle tend à démanteler le clan des officiers coloniaux et africains. Ces derniers reprochent amèrement à Churchill les attaques de Mers el-Kébir, de la Syrie et de Dakar. L'opinion, agitée par les poilus de la Grande Guerre, s'aligne sur l'opinion de ses chefs coutumiers de statut coranique et marque bien son dédain au CFLN lors de la cérémonie du 11 novembre 1942 au monument aux morts d'Alger. Dans les moindres douars, les poilus de toutes religions restent fidèles au gouvernement, comme le petit village kabyle de Béni Amrane qui a obtenu l'autorisation de s'appeler « Maréchal-Pétain ». Le choix d'un général politique montre la finesse du raisonnement du CFLN, organisme en quête de légitimité. Le roi Jean a su faire oublier son ralliement à l'armée d'armistice par sa folle équipée lors de l'invasion de la zone libre. Il s'était lancé sur la route avec un attelage hippomobile de 75 mm. Ayant désobéi aux ordres du général Bridoux, par cette aventure qui ne manquait pas de panache, il reste l'éternel lieutenant de dragons de 1914, avec un zeste de vertige face à la politique. Loin du front des Abruzzes où se battent les troupes d'élite qu'il veut commander, le général de Lattre sait choisir ses appuis. Si un alexandrin de Racine a pu dire « De l'absolu pouvoir vous ignorez l'ivresse », d'autres le pressentent.

Il croit comme son chef aux vertus de la Realpolitik et possède la certitude visionnaire de la victoire, ce que confirme Henri de Kérillis, aux États-Unis, gaulliste sincère, qui écrit dans le *New York Times* : « de Gaulle songe moins à gagner la guerre qu'à sa propre carrière politique, dans l'idée que la guerre sera gagnée de toute façon ».

Des Français dispersés sur tous les fronts

Pendant ce temps, en Italie, notre armée d'Afrique se bat, loin de la fantomatique armée B en cours de modelage. Patch s'inquiète ouvertement de la démesure des projets du général de Lattre, mais il demeure entendu qu'aucune division ne sera retirée d'Italie avant la réussite, sur ce front, d'une opération décisive, en principe la prise de Rome. Après cette conquête, effective le 4 juin, l'accélération de la progression qui s'ensuit oriente les généraux Alexander, Maitland-Wilson et le Français Alphonse Juin vers la reprise de l'idée de Campoformio. Appliquée aux contraintes locales, tenant compte de la poussée titiste qui ravage la Vénétie, avec son cortège de cruautés et d'horreurs qui raidissent la pugnacité italienne, il s'agit de foncer par Ljubljana. Les chefs du théâtre d'opérations italien plaident en faveur d'une offensive dans l'Adriatique vers Trieste et veulent faire ajourner Anvil pour raccourcir la durée de la guerre. À son échelon, Patch veut-il se priver de la gloire de remporter un nouveau Guadalcanal en Provence ? De son côté, le CFLN a-t-il profit à laisser se développer d'autres influences que les siennes ? L'installation d'un gouvernement provisoire en Alger lui a coûté beaucoup d'efforts. Pour imposer la France sur l'échiquier politique international, il détache Leclerc auprès de l'armée royale britannique. La 2e DB ne doit pas participer au débarquement français en Provence. Patton ne fait pas confiance aux Français et refuse de faire débarquer cette division dans les premiers jours, mais consent à la découpler vers Paris, quitte à la plonger dans un bourbier urbain, mission impropre aux blindés. Elle va y vaincre par la force des symboles. Certes, la 2e DB est absente de Provence, mais aurait-elle été bien acceptée par les Africains et les coloniaux ?

Anvil se précise en juin

Les missions et les moyens d'Anvil sont définis dès juin et juillet 1944. Les généraux Marshall et Eisenhower font prévaloir leur avis : les moyens disponibles, aussi puissants qu'ils soient, ne permettent pas, selon leurs appréciations, de nourrir deux fronts distincts. Toutefois, ils estiment vital d'ouvrir dans le sud de la France une nouvelle tête de pont susceptible de détourner une partie des réserves stratégiques allemandes d'intervention afin de soulager le front de Normandie. Fin juin, le comité des chefs d'états-majors désigne définitivement la France comme théâtre d'opérations principal en Europe continentale, en éludant toute hypothèse de percée en Autriche. Il maintient Anvil et en fixe le déclenchement au 15 août.

Le général Patch est confirmé dans sa mission de commander un groupe de deux armées, l'une américaine, l'autre française. Restent à définir les missions autant en fonction des aptitudes de la troupe que des préséances diplomatiques entre Alliés. Le général de Lattre de Tassigny devra débarquer avec un corps d'armée français, commandé par un état-major renforcé, susceptible de monter très rapidement en puissance sous la forme d'un état-major d'armée, dès la mise à terre du deuxième corps d'armée. Cet embryon d'état-major reçoit la mission de synchroniser la manœuvre des deux corps d'armée, dont l'amalgame formera la future armée B. La difficulté technique de cette manœuvre réside dans la double rotation des transports maritimes mais surtout la capacité du corps d'armée débarqué en premier à donner assez d'espace au corps d'armée qui le suit pour se déployer sans gêner la zone de combat en lisière de tête de plage. Pour cela, nos Africains représentent l'élite de l'armée française. Loin de s'empêtrer dans les schémas rigides qui caractérisent trop souvent les brevetés d'état-major, ils savent improviser dans la plus pure tradition de Bugeaud, Yousouf, Lamoricière, Gouraud, Lyautey, et tant d'autres. Leclerc, lorsqu'il était encore au Maroc le lieutenant de Hauteclocque, n'était-il pas le compagnon d'armes des lieutenants de Tournemire et Henri de Lespinasse de Bournazel, « l'homme rouge », tué en 1934, modèle d'improvisation géniale et d'administration à la romaine ? Leur MRT, méthode de raisonnement tactique, y est le fruit de l'expérience et des cas concrets, très éloignée de l'autre MRT, celle des dogmes virtuels en vigueur à l'École supérieure de guerre. Au contraire, le style de combat privilégie la rapidité, l'audace, le choc de plein fouet, l'assaut d'un seul bloc, la formation « au paquet », l'élan avec toutes les forces disponibles, y compris le troupeau de bétail sur pied. C'est ainsi que s'est jouée la bataille de l'Isly le 14 août 1844. Cent ans plus tard, la mystique de cette victoire dont l'anniversaire est célébré à bord des barges de débarquement joue un rôle moral majeur dans la volonté des troupes d'assaut. Leur ardeur est chauffée à blanc par des gradés qui ont fréquenté le mess des officiers d'Alger, appelé cercle Maréchal-Franchet-d'Esperey, orné de tableaux qui rappellent le jour glorieux où l'armée d'Afrique a gagné une réputation internationale. Ils savent que c'est à leur tour de fêter dignement le centenaire.

Le scénario de Patch

Patch fait en sorte que les décisions s'enchaînent prestement. À partir du 15 juin, des unités françaises sont retirées d'Italie et rejoignent le 6e corps américain. Ce 6e corps, composé des 3e, 36e et 45e divisions, chargé de l'assaut sur les plages, est expédié au centre d'entraînement amphibie pour se familiariser avec les procédures navales, les barges, les moyens du génie pour neutraliser les fortifications de Südwall. Connaissant la valeur des Français d'Algérie pour les avoir affrontés le 8 novembre 1942, les Américains savent qu'ils peuvent leur confier les missions excessivement périlleuses consistant à s'emparer des bordures est et ouest de leur dispositif de débarquement. Après avoir fixé, débordé et réduit les forces statiques allemandes, l'infanterie américaine doit reprendre ses missions traditionnelles de manœuvre terrestre dans l'arrière-pays provençal. Pendant que la guerre continue en Romagne et en direction de la Lombardie-Vénétie, les troupes franco-américaines désignées pour Anvil sont envoyées dans les environs de Naples. Dans le courant du mois de juillet, l'état-major de « planning » et leurs homologues français rejoignent le 6e corps américain et le Allied Force Headquarters à

Naples. D'autres troupes fraîches, sans expérience du feu, venant d'outre-Atlantique, arrivent en Algérie, où il faut acclimater les *boys.* Enfin, la mission définitive est précisée, celle d'établir une tête de pont depuis Cavalaire-sur-Mer jusqu'à l'est d'Agay, afin de conquérir Toulon puis Marseille, de se servir des installations portuaires pour soutenir l'effort de poursuite des Allemands en retraite vers Lyon, de souder la jonction avec Patton.

Un coup de théâtre signé Churchill

Une surprise de dernière minute vient chambouler les dossiers tactiques, au moment même où s'achèvent les derniers préparatifs. L'Amirauté de Londres, qui se sent exclue d'une opération à laquelle les Britanniques n'ont pas les moyens de participer, perturbe les travaux par une proposition insensée. Il s'agit d'appuyer la progression de la 3e armée US de Patton au nord de la Loire, par un débarquement en Gascogne, entre Bordeaux et Hendaye. Cette affaire se produit simultanément avec l'éviction de Montgomery comme supérieur hiérarchique des troupes à terre en Normandie, contraint de se soumettre à la tutelle américaine. L'affaire de la Gascogne serait éventuellement de nature à reporter la date de la passation de commandement en Normandie, donc de maintenir par un expédient la suprématie britannique. Les langues vont bon train à Naples : qui remportera ce coup de poker ? Après plusieurs heures de troubles, Patch, ayant consulté ses experts de l'US Navy, rend compte que les deux tiers des moyens adaptés à des opérations de plage à plage ne souffrent pas de traversée en haute mer supérieure à trois ou quatre jours. Par décence à l'égard des Britanniques, il omet de préciser à quel point les personnels seraient physiquement diminués par une telle croisière, dans des conditions d'hygiène et de sécurité déplorables, pour finalement servir de cibles idéales aux mitrailleuses des fortifications. Le projet est abandonné et le comité des chefs d'états-majors confirme Anvil.

II

L'ennemi et son déploiement

Les contraintes politiques et administratives en Provence occupée

Avant la géographie physique dont le tacticien doit s'accommoder, la géographie politique pose des règles que le soldat prend en compte auprès des pouvoirs publics territoriaux. Le cas le plus aisé à résoudre concerne la fraction de littoral contrôlée par l'administration française. Ainsi, les clauses de l'armistice de 1940 stipulent l'occupation de certaines emprises militaires par les Allemands qui doivent respecter la souveraineté française, qui se manifeste par une partie de la défense antiaérienne à la charge de Vichy et l'infrastructure militaro-industrielle des arsenaux sous le contrôle du général Bridoux et de l'amiral Darlan tant que ce dernier était vivant. Signe le plus visible de la souveraineté française, le maintien de la gendarmerie oblige les troupes allemandes à en respecter les procédures. L'occupant, empêtré dans ses propres organigrammes touffus et rivaux, n'a aucune intention de prendre en charge les coûteux frais de défense de l'État français. Occupée à panser ses plaies cruelles, infligées par la déroute et l'exode, accrues par les bombardements alliés, la France reste un État de droit, au moins avant l'invasion alliée en Algérie, ce qui déclenche l'invasion de la zone libre en représailles. En langage populaire, c'est la zone Nono, abréviation gouailleuse de non occupée. Après le 8 novembre 1942, le statut des forces armées françaises est négocié pied à pied par Bridoux. Une puissante gendarmerie maintient l'ordre tout en tolérant des zones de non-droit que sillonnent des maquis fantomatiques composés de jeunes réfractaires au STO. Ces petits groupes isolés n'ont aucune stratégie globale offensive, mais maintiennent une ambiance d'insécurité dans des zones reculées abandonnées à elles-mêmes. Vichy a beau jeu d'agiter le spectre de la guerre civile.

Un fantôme d'armée française métropolitaine

Les lambeaux de l'armée régulière de 100 000 hommes ont subi une déflation d'effectifs. Elle se réduit à une unité interarmes de 3 500 hommes appelée le Premier régiment de France, improprement nommée parce qu'elle atteint les effectifs d'une petite brigade et qui serait plutôt le dernier régiment de France. L'aviation a réussi à conserver 17 000 hommes dans la défense antiaérienne des façades maritimes. Au total, les forces régulières du général Bridoux conservent 50 000 hommes. Mondialement connu comme champion de concours hippiques internationaux militaires, estimé par ses homologues allemands, le général Bridoux préfère voir les Allemands en Provence plutôt que les Italiens annexionnistes. Ces contraintes irrédentistes n'échappent pas au commandement allemand, qui sait tenir compte de l'infrastructure, ne serait-ce que pour lui déléguer les missions de prévôté, c'est-à-dire de police militaire de campagne, entièrement à la charge des Français. Seules les portions d'itinéraires employées épisodiquement par les troupes allemandes passent provisoirement sous contrôle de la Feldgendarmerie, la Geheimfeldpolizei ou les Feldjäger, sous l'œil parfois goguenard de leurs homologues français. Ce n'est pas encore *Le Gendarme à Saint-Tropez*, mais c'est déjà *La Grande Illusion* où l'occupant passe sous la coupe des occupés. Pendant ce temps, notre puissante armée d'Afrique, réarmée en catimini par Weygand, passant sous le commandement de Giraud, abuse les commissions de contrôle germano-italiennes, puis reprend le combat en Tunisie en décembre 1942.

L'autre portion de littoral qui échappe au contrôle de Vichy a été annexée par l'Italie dès 1940. De nombreux problèmes juridiques empoisonnent la vie de l'état-major allemand dont les compétences se chevauchent avec celles de Rome. Les Italiens occupent Menton et quelques menues enclaves frontalières en montagne. Le comté de Nice, offert par l'Italie à Napoléon III en remerciement pour l'aide apporté lors du Risorgimento, est devenu une place touristique de réputation internationale avant 1940. Globalement, l'opinion est satisfaite par l'échec de l'offensive italienne, puis accueille avec soulagement l'annonce de l'armistice. Les purges préconisées par Vichy sont appliquées et Jean Médecin reste maire en titre. Restés sur place après l'exode, les réalisateurs, producteurs, techniciens et comédiens font de Nice une place importante du cinéma francophone. Dès le 6 octobre 1940, Joseph Darnand, Pierre Gallet, Jean Bassompierre et Noël de Tissot fondent la Légion française des combattants. Ils pressentent les velléités d'annexion par l'Italie et s'y opposent vigoureusement, ce qui conduit un groupe d'intellectuels à prôner une collaboration plus étroite avec les Allemands. Plaçant leur confiance dans le vainqueur de Verdun, les poilus de la Grande Guerre et les Jeunesses patriotiques soutiennent Darnand lors de la fondation du SOL, Service d'ordre légionnaire, aux arènes de Cimiez le 22 février 1942. La Résistance est inexistante au début, mais opère des sabotages de faible envergure pendant l'occupation italienne de novembre 1942 à septembre 1943. Si les 50 000 immigrés italiens de Nice restent indifférents autant aux projets d'annexion qu'aux propositions de retour dans la mère patrie, il faut compter avec quelques milliers de partisans fascistes des Gruppi d'Azione Nizzarda qui militent en faveur de l'annexion de la Savoie, du comté de Nice et de la Corse. Utilisant son réseau professionnel et confessionnel, le banquier juif niçois Angelo Donati, qui œuvre en faveur de la minorité précédemment brimée par les lois de Vichy, bénéficie de la protection italienne qui facilite le fonctionnement des associations juives d'entraide. Les carabiniers gênent les policiers et les gendarmes français lors des arrestations de Juifs. En revanche, les Italiens antifascistes, protégés auparavant par la IIIe République, dont l'administration se prolonge sous Vichy, sont pourchassés par les

Chemises noires. Les communistes italiens résidant en France sèment l'insécurité parmi leurs compatriotes. Les archives retiennent 354 attaques à main armée. Après l'armistice germano-italien du 8 septembre 1943, l'armée italienne en pleine décomposition évacue ses garnisons en désordre. Une pagaille indescriptible règne dans les locaux administratifs et les emprises militaires. Il ne reste de la fière armée royale italienne de retour au pays que des cohues bigarrées et misérables revivant *Les Misères et Malheurs de la guerre* de Jacques Callot. Sur ses talons, l'armée allemande entre à Nice et restitue ses prérogatives à l'administration française. Après la cohorte de motocyclistes en ciré, reviennent les ronds-de-cuir qui essaient de rétablir l'ambiance de la IIIe République. Pour compléter ce tableau surréaliste, les travaux de fortification du littoral commencent aussitôt, interrompus occasionnellement par les bombardements alliés.

Les contraintes géographiques

Le littoral méditerranéen de la France présente de gros obstacles à un assaut naval. À l'ouest de Marseille, le delta du Rhône, la Camargue et le littoral languedocien interdisent toute manœuvre de forces blindées et dotées de matériels lourds, promis à l'immobilisation au mieux, l'enlisement au pire. Un tel assaut serait aussi absurde, comparé au front de l'Est, que de lancer une offensive dans la *raspoutitsa*, l'océan de boue qui couvre la Russie pendant le dégel. Tout au plus, les Alliés pourraient-ils monter une opération légère, en se souvenant de la croisade de Saint Louis partie d'Aigues-Mortes, mais l'échec des moyens réduits de Dieppe en 1942 modère les ambitions des plus pugnaces. À l'est, les plages favorables sont étroites, dominées par des hauteurs boisées dans les massifs des Maures et de l'Esterel, dans lesquels l'artillerie peut être embossée discrètement. Au-delà des plages, le réseau routier étroit et faiblement maillé empêche les débouchés vers l'arrière-pays. Les cloisons montagneuses, accentuées par les rivières s'écoulant dans un axe est-ouest ou l'inverse, constituent autant de coupures favorables à une défense du faible au fort. Elles peuvent être, au prix de moyens du génie très réduits, transformées en lignes de défense naturelles où peut s'ancrer une riposte prolongée tout en aggravant la vulnérabilité des renforts entassés sur les plages. Cependant, les côtes est de Toulon offrent quelques mouillages acceptables, des fonds à pente douce et des entrées sur les deux rocades routières parallèles au littoral :

- au nord, la RN 7, par Fréjus, Aix-en-Provence et Avignon ;
- au sud, l'axe de Saint-Tropez, Hyères et Toulon, prolongé par la RN 8 de Toulon à Marseille.

Les Français savent tout sur les travaux de l'Organisation Todt

Le 5e bureau à Naples dispose d'une abondante documentation recueillie par le service de renseignements de l'armée de Vichy, avec lequel les Africains ont gardé des liens étroits de camaraderie, et surtout par la Marine nationale. En effet, les emprises navales, occupées par la Kriegsmarine, sont restées sous l'administration de la Marine nationale, qui en assure la logistique, l'entretien, la gestion des personnels civils des arsenaux, le gardiennage par des postes mixtes de gendarmes français et de matelots allemands. Les travaux de l'Organisation Todt, soumis aux règles des marchés d'appels d'offres publics, sont validés par les ingénieurs militaires français. Ces données, pourtant très simples, ont été pudiquement ignorées par l'historiographie officielle depuis un demi-siècle. Elles ont pourtant considérablement contribué à notre victoire et laissent perplexes quant à la naïveté de l'occupant à respecter scrupuleusement les clauses légales de l'armistice. Enfin, il existe une troisième source marginale de renseignements sur l'ennemi, celle de la Résistance. Elle recueille des renseignements fragmentaires, mais les services secrets alliés préfèrent traiter entre professionnels, avec les réseaux de la Marine nationale, qui leur fournit subrepticement des documents solides.

Le commandement allemand a aménagé trois lignes de défense en profondeur

La première suit le contour du littoral ; la deuxième couvre l'arrière-pays provençal ; la troisième s'étend en avant de la rive gauche du Rhône.

La première qui suit le contour du littoral se dresse sur la ligne lourdement fortifiée. Ce mur de la Méditerranée, émule de celui de l'Atlantique, appelé Südwall par sa garnison, ne possède pas de profondeur, tout au plus 1,5 à 2 km, là où sont embossés les mortiers et les pièces de calibre moyen à tir tendu, mais il est continu, dense, remarquablement aménagé. Au plus près de l'éventuel assaillant, des obstacles doivent l'arrêter au mieux, le retarder au pire, en lui infligeant des pertes sensibles, et faciliter le pointage des artilleurs afin de détruire des cibles aussi peu mobiles que possible. Obstacles sous-marins et terrestres, champs de mines, dents de dragon en béton, rails de chemin de fer reconvertis en barrières soudées et boulonnées, murs et fossés antichars, réseau de fils de fer barbelés doivent gêner le premier contact. Ensuite, sont aménagés des bunkers en béton armé, soigneusement camouflés, dont les plans de tir se recoupent d'un ouvrage à l'autre, garnis de pièces automatiques, de mortiers, d'artillerie de campagne sur essieu mobile, d'artillerie de butin reconvertie sur affût fixe. Les artilleurs ont soigneusement étalonné par des bâtonnets peints en componé les angles de tir afin d'interdire les plages, leurs accès et leurs débouchés. Les villages de pêcheurs sont transformés en points d'appui et les grandes localités comme Nice, Toulon et Marseille forment chacun une Festung, un ensemble puissamment fortifié.

La deuxième ligne de défense s'étend dans l'arrière-pays provençal, dans les zones possibles de parachutage, surtout autour de Draguignan. Des pieux, des poteaux piégés avec de vieux obus dont le fusant a été réglé au plus bref, reliés par des câbles assez solides pour intercepter des planeurs, forment un réseau d'« asperges de Rommel ». L'ensemble est protégé par un réseau de radars et de projecteurs antiaériens. Le 2 mai 1944, le Generalfeldmarschall Erwin Rommel, commandant le groupe d'armées B au nord de la Loire, est chargé avec son adjoint naval, le vice-amiral Friedrich Ruge, de l'inspection de tout le littoral français. Ayant visité les plages de Provence et déclenché une véritable frénésie de travaux défensifs, il laisse derrière lui une véritable fourmilière en état de siège. Toutefois, la ferveur du troupier s'estompe après le passage de cette queue de comète. De même, les généraux ne peuvent pas prendre au sérieux les effets paillettes de ce maréchal de propagande. *Aus alt macht neu,* avec du neuf, il fait du vieux. En plus des pièces de campagne récupérées sur les armées vaincues depuis 1939, désormais trop faibles pour casser les T-34 soviétiques et réexpédiées à l'ouest, l'armée de terre reçoit l'appui de la Kriegsmarine. Sous sa direction technique, les parcs d'artillerie navale consentent à reconvertir en artillerie terrestre les pièces lourdes de 340 mm, désormais inutiles puisque la Hochseeflotte, la flotte de haute mer, a été neutralisée. Les renseignements alliés estiment les forces en matériel ennemies à :

– 150 canons de calibre égal ou supérieur à 75 mm disposés sur 40 km de littoral entre Cavalaire-sur-Mer et Fréjus ;

– 250 pièces de gros et moyen calibre dans la Festung Toulon ;

– 200 pièces dans la Festung Marseille ;

– 45 pièces de batterie côtière entre le Rhône et la frontière espagnole.

La troisième ligne de défense s'étend d'ouest en est par Salon-de-Provence, Aubagne, Cuers, Gonfaron, Grasse, Saint-Martin-du-Var. Sans grande conviction, mais avec application, le génie de secteur s'efforce d'y bâtir des fortifications de campagne dans des conditions ambiantes nettement moins tendues que pour des troupes terrestres sur une ligne de feu, d'y aménager des bases de transit pour les troupes de passage, des zones de repos et d'instruction, une rocade aménagée pour y jalonner d'éventuelles troupes en retraite qui seraient amenées à refluer depuis les plages, voire des fuyards qu'il s'agirait de filtrer et de muter dans des éléments de combat remontant vers les lignes. Déjà les tribunaux militaires s'apprêtent à exécuter pour l'exemple quelques pauvres diables de fuyards, comme l'écrit Victor Hugo :

> « C'était un Espagnol de l'armée en déroute,
> Qui se traînait sanglant sur le bord de la route. »

La grande préoccupation du Reich concerne la guerre en Russie. Donc, en Provence, le commandement allemand recherche le meilleur rapport entre l'économie des moyens et la solidité défensive. Au début de l'année 1944, les renseignements alliés ont identifié douze divisions au sud de la ligne Bordeaux-Lyon. Dès le 6 juin, deux divisions blindées et quatre d'infanterie quittent le sud de la France pour faire mouvement vers la Normandie. Il ne reste par exemple qu'une seule division statique pour garder l'ensemble du littoral entre Bordeaux et Hendaye. La 19e armée, aux ordres du général Friedrich Wiese, dont le QG est en Avignon, doit défendre l'ensemble du sud et du sud-est de la France, entre le méridien de Toulouse et Menton. L'ordre intérieur étant maintenu par la gendarmerie départementale française en Languedoc, elle concentre ses moyens passablement dispersés entre Cerbère (Pyrénées-Orientales) et la frontière italienne.

Un dispositif ennemi squelettique

Pour un littoral de 500 km sans véritable rocade routière côtière, interrompue par des coupures fréquentes, tributaire d'ouvrages d'art que le génie n'est pas en mesure de réparer avec ses moyens propres, il aligne des moyens fort disparates.

L'unique division blindée et huit divisions d'infanterie obéissent respectivement à des organismes de commandement différents, voire rivaux. Leurs secteurs respectifs sont imbriqués les uns dans les autres, ce qui provoque des crises de transmission.

Les unités de réserve générale comptent vingt bataillons de volontaires de l'Est venus des terroirs les plus reculés de l'empire soviétique, parfois d'Asie centrale, dont l'historiographie s'est plu à décrire le moral bas et la mauvaise instruction. En revanche, nos troupes qui eurent à les affronter se montrèrent plus réservées dans leurs jugements. Il faut ajouter trois régiments de fusiliers de l'air, l'infanterie de la Luftwaffe, deux brigades de fusiliers marins, connus pour leur redoutable pugnacité, un régiment de canons d'assaut.

L'artillerie côtière est administrée sous forme de régiments d'artilleurs de marine, mais cette articulation sur le papier n'a qu'un lien très lointain avec les implantations géographiques et les dotations hétéroclites. Il s'agit de formations qui dépendent de la Kriegsmarine, sans que cela puisse être comparé avec le modèle français de l'artillerie coloniale. Ces matelots canonniers portent la tenue de l'armée de terre, mais avec les mentions distinctives jaunes héritées de la Kaiserlichemarine. En règle générale, ces hommes savent réagir avec une remarquable efficacité aux alertes, mais ils n'ont jamais appris à manœuvrer sur la terre ferme. Ce sont avant tout des matelots dont la mentalité les pousse à rester dans les casemates comme s'ils servaient dans les tourelles d'un bâtiment de haute mer et à se faire tuer sur place.

La FLAK garnit surtout chaque Festung, à Toulon et à Marseille, étant donné que la défense antiaérienne à basse altitude est à la charge des troupes de secteur. Certes, la loi de la levée du Volksturm n'a pas encore été prononcée pour appeler des adolescents dans la FLAK, mais ces aviateurs canonniers comptent un grand nombre de très jeunes gens.

Il existe une kyrielle de formations territoriales de sécurité, d'appui, de prévôté, de transmission, de génie de construction, en liaison avec l'infrastructure française. Au titre des clauses de l'armistice, ces petites structures ont reçu l'ordre de respecter les prérogatives des policiers et gendarmes français. Par exemple, la destruction du vieux port de Marseille a été faite dans le cadre juridique des accords d'armistice et sous un étroit contrôle mutuel des forces de police et de sécurité françaises et allemandes. Il est arrivé que des Français très fiers de leur équipement et de leur armement sélectionné se moquassent des Allemands dotés d'armes périmées ou de rebut.

Totalement incapables de se battre, les contractuels chargés du gardiennage de l'Organisation Todt possèdent un véritable musée d'arquebuserie périmée. En revanche, ils s'avèrent capables d'assurer des veilles et de donner l'alerte. Très bien payés, travaillant en étroite collaboration avec les entreprises locales, les ouvriers du docteur Fritz Todt sont recrutés dans toute l'Europe. Contrairement à une légende tenace, ils n'ont jamais utilisé de déportés. Cette multinationale du béton armé privilégie l'efficacité.

À l'exception de la division blindée, les autres troupes ne peuvent remplir que des missions statiques. Impropres à toute manœuvre, elles doivent se contenter de défendre des secteurs fortifiés. Volontiers brocardées, ultérieurement, par des auteurs cherchant un succès facile, elles inquiètent au contraire leurs adversaires, qui connaissent les qualités des Allemands dans le combat défensif. L'âge des gradés n'hypothèque pas leurs compétences : ce n'est pas un effort athlétique qu'on leur demande, mais les nerfs pour tenir une tranchée, comme beaucoup savent déjà le faire depuis la Grande Guerre. Ces divisions connaissent bien leurs secteurs respectifs, où elles sont en garnison depuis dix mois. Les TED affichent complet, sauf la 338e division dont le tiers des moyens a fait mouvement vers la Normandie et la 189e division réduite à 4 bataillons d'infanterie et un groupe d'artillerie.

20 % des fantassins sont des Germains ethniques, des Slaves ou des Asiatiques

Un bataillon de volontaires orientaux forme le 4e bataillon de presque chaque régiment d'infanterie. Ces soldats trop souvent présentés comme des recrues démoralisées, sans valeur combative, sont au contraire des troupes d'une valeur exceptionnelle au combat, tout en se montrant assez nonchalantes au cantonnement. Statistiquement, ils forment plus d'un cinquième de l'armée allemande, devenue une Babylone de races. Ces supplétifs administrés par le Haut-Commissariat aux territoires de l'Est dirigé par le docteur Alfred Rosenberg se trouvent détachés auprès de l'armée de terre, qui conserve l'homogénéité ethnique des bataillons. Les Alliés vont bientôt s'apercevoir à leurs dépens que ces gens venus du bout du monde peuvent se montrer aussi coriaces que notre Légion étrangère. Au total, le général Wiese dispose d'un quart de million d'hommes. Les gradés en moyenne assez âgés encadrent une troupe d'origines diverses, dont beaucoup d'Allemands ethniques (Volksdeutsche) dont les ancêtres s'étaient établis aux cours des siècles dans le bassin de la Volga, en Ruthénie subcarpatique, dans les Sudètes, dans les monts des Tatras, en Podhale, en Ukraine, dans les pays baltes, en

Saxe transylvaine (Roumanie), en Bulgarie, en Slovénie. Les mutations, compléments de contingents, les hasards des bureaux des effectifs, les fiches sanitaires des lazarets et des établissements de convalescence y ont ajouté quelques Alsaciens et Lorrains, tout heureux d'échapper au front de l'Est. Ce sont souvent des gens d'origine rurale qui parlent des dialectes allemands antérieurs à la seconde mutation consonantique, mais qui en contrepartie comprennent les langues des autres volontaires slaves et asiatiques. Leur statut de Volksdeutsch donne à la recrue le même rang et les mêmes avantages juridiques que les sujets du Reich. Cette infanterie de position fortifiée perd une partie de sa valeur opérationnelle quelques jours avant le débarquement, lorsque la 19e armée doit reverser ses moyens antichars expédiés en Normandie : canons automoteurs, FLAK de 37 mm, mortiers tractés.

Chacun des trois corps d'armée de la 19e armée reçoit la garde d'un secteur du littoral

Le plus exposé de ces trois corps d'armée, mais personne ne le saura jusqu'au dernier moment, se trouve sur la côte de Provence. Sous les ordres du général Neuling, dont le poste de commandement est installé à Draguignan, se trouve le 62e corps d'armée. Composé des 148e, 242e et 244e divisions d'infanterie, ce CA est instruit comme les autres à tenir ses positions. Chacun sait ce qui l'attend depuis que filtrent les nouvelles de Normandie où la bataille fait rage depuis neuf semaines. Les hommes de Neuling vont recevoir le choc du débarquement. Connaissant convenablement chacune leur secteur, la 148e division établit son PC à Aubagne et tient le secteur de Port-de-Bouc à Sanary-sur-Mer (ouest de Toulon) ; la 242e positionnée de Sanary-sur-Mer à Anthéor-Cap-Roux a fixé son PC à Besse, près de Brignoles ; la 148e, d'Anthéor-Cap-Roux à Menton, a choisi Grasse pour PC.

Un autre corps d'armée presque factice tient la côte du bas Rhône. Ce 85e CA du général Kniess, dont le poste de commandement se trouve à Taillades, à l'est d'Avignon, ne comprend qu'une seule division d'infanterie, la 338e, à laquelle s'ajoutent des éléments non endivisionnés de secteur. Jugeant le delta impropre à un assaut amphibie, Blaskowitz prend au moins le soin de couvrir la rive gauche du Rhône au cas où il faudrait conserver une tête de pont capable de jalonner la 11e Panzerdivision, pour l'aider à traverser la coupure. En dialecte militaire, une coupure signifie une rupture d'itinéraire, comme un fleuve ou tout autre obstacle naturel ou construit par le génie.

Sur la côte de Languedoc, le général Petersen commande le 4e corps d'armée. Conformément aux ordres de Blaskowitz, il installe son poste de commandement à Carcassonne, en vue de contrôler le couloir routier entre la Méditerranée et l'Aquitaine. Constamment, le haut commandement allemand garde en mémoire que la neutralité de l'Espagne n'est jamais un fait acquis, mais qu'un débarquement allié peut la violer. Il faut pouvoir conserver des moyens à proximité du littoral de Catalogne. Petersen ne sait pas encore qu'il ne va jouer aucun rôle dans le drame qui se prépare. Composé des 189e, 198e et 716e divisions d'infanterie, son 4e CA va surtout encombrer les routes de la retraite en abandonnant tout le matériel lourd des positions.

L'intention de manœuvre de l'état-major de la 19e armée est de remplir sa mission prioritaire en employant sept divisions à tenir le littoral, tandis qu'une huitième doit effectuer la chasse aux partisans dans les Alpes de Savoie et d'Isère. Soucieux de maintenir un bon niveau d'entraînement et de capacité opérationnelle, le général Wiese veut faire tourner ses huit divisions de telle sorte que, les unes après les autres, elles apprennent le combat mobile, sans munitions à blanc, en se servant des maquis comme plastron d'instruction à balles de guerre. Il sait qu'il ne parviendra pas à instruire toutes ses troupes, mais espère en faire passer le maximum en école à feu réel. Cette affaire de combat contre les partisans ne l'intéresse absolument pas en tant que telle. Ce Prussien de tradition se désintéresse de la politique intérieure de notre pays. Elle concerne les Français de la gendarmerie et des GMR (ancêtres des CRS), mais toute occasion d'instruire ses hommes et de faire fonctionner son état-major est bonne à prendre. Hors du dispositif de la 19e armée figure la 11e Panzerdivision. Placée initialement à la disposition de la 1re armée, cette division change d'affectation, mais tous les mouvements de troupes blindées sont subordonnés à l'OKW, le Oberkommando der Wehrmacht, grand état-major dépendant directement de Hitler qui veut garder la haute main sur les éléments clés de la Blitzkrieg. Cela provoque parfois des tensions avec les chaînes locales de commandement, mais le dictateur n'en a cure. Cette grande unité, stationnée dans la région d'Albi, reçoit le 13 août l'ordre de se déployer autour d'Avignon, sachant que les ouvrages d'art sont sous la garde du 85e CA. Les services de renseignements alliés ont identifié une autre division, la 9e, mais comme elle a reçu l'ordre de faire mouvement vers la Normandie quelques heures seulement avant l'assaut en Provence, les plans alliés ont tenu compte dans leurs prévisions de la présence de deux divisions blindées. Les généraux divisionnaires ont réclamé à leurs colonels directeurs de l'instruction de collaborer étroitement avec leurs homologues, les chefs de corps, afin d'assurer une garde tournante du littoral. Pendant qu'un rideau de troupe sert un armement de position abondant et puissant sur le Südwall, le maximum d'effectif disponible poursuit son instruction manœuvrière dans l'arrière-pays, afin d'assurer une défense dynamique et élastique.

L'aviation et la marine ennemies surclassées d'avance par les Alliés

L'armée de terre représente un adversaire de taille pour les Alliés, avec 30 000 hommes dans la zone de débarquement et 200 000 hommes à proximité. En revanche, la Luftwaffe et la Kriegsmarine les inquiètent moins. En Provence et dans la vallée du Rhône, il n'y a guère plus de 260 appareils opérationnels, dont 120 chasseurs et 110 bombardiers, le reste étant composé d'appareils de reconnaissance, d'observation et d'école de pilotage, qui servent souvent de taxis aux généraux et aux officiers d'état-major, lassés des tacots de réquisition et qui préfèrent réserver le cheval à leur promenade d'agrément. Seuls les chasseurs et les bombardiers sont armés, tandis que les Fieseler-Storch sont trop légers pour emporter autre chose que des appareils d'optique et de photographie. La capacité des sorties se limite à 300 par jour. En fonction de l'autonomie de vol vers le débarquement, il n'y a en réalité que 195 appareils disponibles à Salon-de-Provence et à Cuers. Chacun s'attend à recevoir un ordre de route d'une minute à l'autre pour rejoindre la Normandie ou la Russie. La marine dispose de trois ports (Toulon, Gênes, La Spezia), où elle entretient 8 sous-marins, 6 torpilleurs et 30 vedettes rapides lance-torpilles. Cette faible flotte n'est même pas capable d'assurer une veille permanente. Tout ce qui flotte sert à escorter les sous-marins pendant la phase critique de flottaison. En effet, les U-Boote doivent obligatoirement naviguer en surface tant pour entrer que pour sortir des ports. L'alerte de l'invasion est donnée par l'escorteur rapide SG-21, sous le commandement du KaLeut Metzenthin, dont le bâtiment est aussitôt coulé.

Les hypothèses et la mentalité du commandement allemand entre le 20 juillet et le 15 août

Plusieurs théories s'affrontent sans merci. L'opinion de Rommel se résume à la bataille des plages. Pour lui, la disproportion des forces pèse tellement en faveur des Alliés qu'il faut impérativement écraser les troupes rendues vulnérables par l'assaut sur la plage avant qu'elles ne consolident leurs positions et agrandissent la zone de débarquement au profit du matériel lourd de soutien. Les généraux prussiens, brevetés de la Kriegsakademie avant la Grande Guerre, se gaussent de cette opinion, affirmant que l'élan de l'offensive alliée sera si brutal qu'aucune position, si solide soit-elle, ne saura endiguer durablement des vagues d'assaut. Au contraire, en concentrant leurs moyens à proximité des plages, ils les jugent vulnérables à l'aviation alliée. Selon eux, il faut que les positions fortifiées retardent le plus longtemps possible le débarquement, assez pour que les troupes de réserve interviennent en colmatage et en contre-attaque : l'expérience le leur a prouvé lors de la reprise de guerre de mouvement de l'été 1918, confirmée par les exercices en caisse à sable, les manœuvres avec l'ancien allié soviétique dès leur riposte au pacte de Locarno en 1925, la légion Condor en Espagne en 1936. Retirer les renforts d'un autre secteur du littoral ne ferait qu'augmenter les délais de réaction sans aucun profit. Fin juillet, l'évolution très rapide du front de Normandie donne raison aux conceptions tactiques des Prussiens de tradition contre Rommel. L'attentat du 20 juillet occasionne peu de troubles parmi les soldats de Provence. Les Allemands ethniques restent imperméables aux soubresauts de la politique intérieure d'un pays qui les arrache d'une extrémité du continent pour les mettre en garnison dans une autre. En revanche, les ragots de caserne et les bobards de popote vont bon train dès qu'il s'agit des nouvelles concernant les fronts voisins. Quelques informations ont filtré de la part des plantons et des téléphonistes venus remplir leur gamelle à la roulante. Même si le moral de l'occupant en prend un coup sérieux, la discipline reste ferme.

Panorama diplomatique et géopolitique de la Méditerranée occidentale

De nombreux indices se recoupent fin juillet 1944. Le général Friedrich Wiese vient d'acquérir la certitude que les Alliés dégarnissent le front d'Italie et préparent une attaque amphibie en Méditerranée, certainement en France. Au PC du général Blaskowitz, commandant le groupe d'armées G, responsable de toute la partie du territoire français au sud de la Loire, les officiers d'état-major ont étudié tous les cas de figure possibles, en pesant la balance des forces, les potentiels logistiques, les méthodes de raisonnement tactique. Il a tout d'abord été envisagé une attaque en Turquie. La diplomatie française d'avant-guerre a négocié la neutralité de la Turquie en lui livrant la région d'Alexandrette (aujourd'hui Iskenderun), opération habile mais qui provoque le dépit de l'ambassadeur von Papen et du patriarche orthodoxe d'Antioche. Les Alliés s'assurent de la neutralité des Turcs, mais l'entourage de Blaskowitz craint un basculement des influences que pourrait provoquer une agression amphibie susceptible de ramener la guerre dans l'ancien théâtre d'opérations des Dardanelles, puis de s'étendre comme en 1918 vers la Bulgarie et la Roumanie. Une deuxième hypothèse a été étudiée après le voyage de

Tito à Naples, celle d'une opération en Adriatique, susceptible de se développer en direction de la Riviera italienne, afin de prendre à revers le corps expéditionnaire allemand du maréchal Kesselring en Italie du Nord. Cette option a finalement été écartée au vu des difficultés insurmontables que présente le réseau routier dans les Balkans. C'est pourtant ce scénario qui retient l'attention privilégiée du ministre von Ribbentrop, sensible aux influences de son propre ministère de la Wilhelmstrasse, où s'est constitué un clan de nostalgiques de la politique austro-hongroise, du temps de ses projets de triple monarchie habsbourgeoise.

Les renseignements de la Kriegsmarine, lucides et désabusés

Seule la Kriegsmarine semble faire preuve de clairvoyance. Son 2e bureau se montre catégorique. Le retrait du corps expéditionnaire français d'Italie signifie que les côtes de Provence constituent l'objectif certain, d'autant plus que le potentiel naval allié vient d'être soulagé des obligations d'Overlord. Les enseignements tout frais du débarquement de Normandie viennent d'être analysés autant par les Alliés que par la Kriegsmarine. Chacun sait qu'il serait illusoire et pernicieux de s'aventurer dans l'Adriatique et en Méditerranée orientale. Toutes les tendances rivales, celles de Rommel, de Wiese, de Blaskowitz, de la Wilhelmstrasse et de la Kriegsmarine s'accordent à éluder tout risque d'opération amphibie en Gascogne. Enfin, le samedi 12 août, une patrouille de reconnaissance de la Luftwaffe repère deux grands convois d'une centaine de bâtiments au sud d'Ajaccio. Des agents doubles infiltrés dans les réseaux en France laissent entendre qu'une opération se prépare le 15 août sur les Rivieras française et italienne. Au même moment, l'aviation alliée bombarde Florence et fait sauter les ponts sur l'Arno, provoquant des dégâts considérables dans le centre médiéval. Le maréchal Kesselring ordonne aux garnisons du littoral de passer en état d'alerte maximum. Au bureau des opérations de la Wehrmacht, le 13 août, le général Warlimont reçoit le compte rendu au terme duquel le débarquement va incessamment s'effectuer entre Nice et le Rhône. Il s'empresse de faire préparer les ordres tactiques de repli et la chaîne logistique et de soutien dans la vallée du Rhône, pour sauver du piège le maximum de divisions capables de se mouvoir. Toutefois, il ne se fait aucune illusion sur le sort que Hitler et Jodl réservent à ses préparatifs. En effet, ils ordonnent à leur corps de bataille de combattre sur les plages, en leur interdisant le moindre décrochage. Ils n'autorisent de mouvement que pour deux grandes unités divisionnaires, la 11e Panzerdivision et la 198e division (mobile) d'infanterie. La première, commandée par le général von Wietersheim, est mise à la disposition du général Wiese. Elle roule de nuit en direction d'Avignon sur un itinéraire reconnu, passant par Béziers et Montpellier. La 198e division (mobile) d'infanterie, rescapée de Normandie, stationnée dans les Landes entre Bordeaux et Dax, reçoit l'ordre de faire mouvement vers l'Argens, en appui derrière la 242e division (statique) d'infanterie.

III

Moyens et rapports de forces

Du côté des Alliés, le réarmement d'Anfa commence dès 1943

Dans l'entourage de Roosevelt, les stratèges parfaitement informés de la puissance de l'armée d'Afrique évaluent aussi sa capacité à monter en puissance. Toutefois, des actions contradictoires ou des atermoiements retardent le retour de la France dans la guerre. Tandis que le Maréchal ordonne à ses agents secrets de nouer des liens avec leurs homologues américains, l'Abwehr guette et tue. En contrepartie, des espions allemands sont fusillés par les Français. Toujours dans le secret ou au moins la discrétion, Roosevelt veut forcer la main de Vichy pour que les relations se tendent avec Berlin, mais le Maréchal sait qu'il n'en a pas encore les moyens. L'état-major américain est exaspéré par les manœuvres britanniques au Moyen-Orient où le général Dentz, opposé à Catroux, capitule en juin 1941. D'est en ouest, la Méditerranée entre dans le conflit. Après la Syrie, c'est au tour de la Crète, la Grèce continentale, la Cyrénaïque, l'île de Malte de s'enflammer. Soudain, le conflit bascule en Méditerranée occidentale. À cette date, Washington manque d'informations précises sur le climat en AFN, mais prend la décision d'y stationner des forces. Il n'est pas nécessaire que l'officier subalterne, encore moins le soldat de base, sache de quoi il retourne. Ainsi, après le 8 novembre 1942, lors des scènes de fraternisation entre Africains et Américains, beaucoup s'étonnent du fait que la propagande ait affirmé aux GI's pendant leur traversée de l'Atlantique qu'ils allaient affronter des Allemands. Dans cette ambiance délétère, les services spéciaux américains espèrent encore trouver à Alger un agent assez indépendant à l'égard de Vichy pour être capable de faire pièce aux intrigues de Londres. S'achevant pour les photographes et les dupes par la poignée de main de Giraud et de De Gaulle, les accords d'Anfa du 24 janvier 1943 laissent un goût amer aux participants. Churchill propose un mémorandum le 5 février partageant les possessions françaises, donnant à Giraud, l'agent des Américains, la haute main sur l'Afrique du Nord et l'AOF, laissant le reste à de Gaulle, son propre agent. Ces querelles entre créatures des Alliés remettent en cause le réarmement français. Les Anglais réclament d'urgence le matériel au profit du maréchal Wavell dans l'océan Indien, arguant que les Français ne sont pas encore en ligne, argument spécieux, puisque sur les 90 000 Français qui combattent en Tunisie, il y aura 16 200 morts et blessés. Il est convenu au moins que nos troupes pourront récupérer les armes de butin allemandes et italiennes. Dès le 10 avril, la section d'Oran de la US Mediterranean Base reçoit l'ordre d'organiser à Alger les chaînes de montage des véhicules livrés, soit cinq chantiers : deux pour les camions GMC, un pour les camionnettes Dodge-Chevrolet, un pour les Jeeps, un pour les remorques. Il s'y ajoute une soute à carburant et un poste de contrôle technique des blindés. Sur les docks d'Alger, les cargos du convoi UGS 6 *bis* sont déchargés du 14 au 21 avril. Tout un tronçon de route et les parcelles riveraines sont réquisitionnés à l'est d'Alger, entre Hussein Dey et Maison-Carrée.

Les rivalités continuent sur le chantier

Toujours au nom du crédit de confiance limité que l'US Ordnance Corps porte aux Français, qu'elle ne prend tout simplement pas au sérieux, une quarantaine de gradés et techniciens vient surveiller les chaînes de montage. Leurs témoignages ultérieurs montrent leur étonnement face au sens de l'adaptation dont font preuve les Français, qu'ils soient francophones ou berbérophones, rendus égaux par leur incompréhension des notices techniques anglophones. Ils obtiennent même de meilleurs résultats que les ouvriers américains dans le *dewaterproofing*, pour retirer les cocons imperméables. Parmi le demi-million de conscrits et de volontaires français, les quelques centaines de survivants du POUM, de la CNT et de la FAI ne sont pas les moins actifs. Ils font apparemment bon ménage avec les Chantiers de jeunesse. En revanche, comme les divisions blindées sont plus complexes à équiper que l'infanterie, leurs relations internes se détériorent parce que la 2e DB veut être servie en priorité, avant les 1re et 5e DB. Parallèlement à la montée en puissance de l'armée d'Afrique et sa réorganisation divisionnaire, les troupes américaines s'installent en Algérie en toute quiétude. C'est tout juste si la Luftwaffe ose encore planifier de rares vols de reconnaissance vers Alger, interceptés par la chasse au-dessus de la Kabylie.

Les forces terrestres alliées

La 7e armée américaine du général Patch constitue le corps expéditionnaire en France du Sud-Est, pour l'opération Dragoon. Il engerbe un corps d'armée terrestre et une division aéroportée :

Le 6e corps d'armée américain commandé par le général Truscott rassemble trois divisions : les 3e, 36e et 45e DIUS. La 3e, surnommée « La Marne » depuis 1918, a reçu l'expérience du feu au Maroc, en Sicile, à Cassino et à Anzio. Elle porte un écu *D'azur à trois barres d'argent.* La 36e, surnommée « Texas », a combattu à Salerne et à Cassino. Elle porte comme insigne une pointe de flèche indienne bleu gris ornée d'un T majuscule. La 45e, surnommée « Thunderbirds », oiseaux de tonnerre, a combattu en Sicile, à Salerne, à Cassino. Elle porte comme insigne un rapace d'or sur un losange rouge.

En avant de ce 6e CA doit être larguée une division aéroportée anglo-américaine. Sa mission consiste à retarder une contre-attaque en attendant l'arrivée de l'offensive venant des plages. Outre ses faiblesses dues à un matériel très léger pour pouvoir transiter par planeurs ou par Douglas-Dakota bimoteur, cette unité mixte de recrutement anglo-américain ajoute à la disparate un recrutement hétérogène. Tandis que les parachutistes des deux pays proviennent de milieux sociaux instables, les troupes de métier britanniques portées par planeurs appartiennent aux vieilles unités de tradition. Il règne dans la division des rivalités dont il faut craindre le pire en cas de coup dur.

L'armée B, future 1re armée française, commandée par le général de Lattre de Tassigny, composée de 7 divisions régulières, se trouve complétée par des troupes régulières non endivisionnées et des supplétifs, soit :

- 5 divisions d'infanterie ;
- 2 divisions blindées ;
- 2 GTM (groupes de tabors marocains) ;
- des éléments de réserve générale non endivisionnés : un groupe de commandos, un bataillon de choc, des unités de chars de réserve générale, des unités de parachutistes.

Les forces terrestres alliées totalisent onze divisions, dont deux blindées et une d'infanterie aéroportée, soit 350 000 hommes, dont 230 000 de troupes françaises.

Les forces navales alliées

Regroupées sous le nom de Naval Western Task Force, ces forces regroupent 2 120 bâtiments, sous les ordres de l'amiral américain Hewitt, soit :

- 250 vaisseaux de guerre, dont :
  - 5 cuirassés, dont le *HMS Ajax*, vétéran de la bataille de Rio de la Plata en 1939, et le cuirassé français *Lorraine*, surnommé « La vieille dame en crinoline », à cause de sa jupe de blindage démodée ;
  - 10 porte-avions, soit 8 de la Royal Navy et 2 de l'US Navy ;
  - 28 croiseurs, dont 3 légers, les tirs les plus nourris ayant été fournis par l'*Arkansas*, le *Tuscaloosa*, le *Marblehead*, le *Brooklyn* et l'*Argonaut*. Les Français fournissent la 3e division de croiseurs du contre-amiral Auboyneau, composée des *Duguay-Trouin* et *Émile Bertin*. Le capitaine de vaisseau Lancelot commande la 10e division

de croiseurs, composée des *Fantasque*, *Terrible* et *Malin*. Le contre-amiral Jaujard commande la 4e division de croiseurs, composée des *Georges Leygues*, *Gloire* et *Montcalm* ;

• 109 escorteurs et torpilleurs, dont 5 torpilleurs français de 1 500 tonnes et une quinzaine de petits bâtiments.

Pour la première fois depuis 1940, la marine de guerre française rassemble une force importante de 34 bâtiments articulés en divisions et escadrilles. Elle est commandée par l'amiral Lemonnier, sauf le cuirassé *Lorraine*, qui participe au bombardement de Saint-Mandrier-sur-Mer.

– 600 grands transports et 12 709 barges de débarquement de divers types.

Au total, 2 120 bâtiments.

Les forces de soutien, d'infrastructure et d'escale sont commandées par le contre-amiral Davidson.

Les forces aériennes alliées

La MAAF (Mediterranean Allied Air Force), commandée par le général américain Ira Eaker, totalise 19 000 appareils, articulés en :

– une aviation stratégique du théâtre de Méditerranée ;

– une aviation tactique de même étendue ;

– une aviation d'appui de la 7e armée US ;

– l'aviation embarquée à bord des porte-avions, soit 200 appareils.

Les forces aériennes françaises, réarmées en Afrique du Nord sous les ordres du général Bouscat, chef d'état-major général de l'air, et du général Valin, chef d'état-major général adjoint, comptent :

– 6 groupes de chasseurs et de chasseurs bombardiers sur P-47. Ces excellents appareils supportent bien les conditions rustiques d'emploi du théâtre d'opérations de Méditerranée ;

– 4 groupes de bombardiers moyens sur B-26. De toute évidence, les Alliés se sont montrés réticents à doter les Français de moyens de bombardement lourds, probablement en craignant les réticences des équipages à écraser sans merci le sol de la patrie ;

– 1 groupe de reconnaissance sur Lightnight P38 (où sert Saint-Exupéry). Ces aéronefs démodés intéressent les Français, trop heureux de récupérer de l'armement.

Tous ces effectifs sont déjà comptabilisés dans la MAAF.

La balance des forces en présence

Indubitablement, les Alliés disposent d'une supériorité écrasante de leur marine et de leur aviation. En revanche, les forces terrestres donnent aux Allemands une chance objective de rendre des coups sévères. Fortement ancré sur ses positions défensives soigneusement aménagées, l'adversaire peut disposer d'une valeur de huit divisions d'infanterie et d'une division blindée pour faire face dans le secteur où les Alliés vont appliquer leur effort. La limitation des transports maritimes oblige les Alliés à procéder à plusieurs rotations. Lors de la phase initiale, ils ne peuvent faire débarquer que trois divisions pour l'assaut frontal. Ensuite, lors des dix jours suivants, ils ne peuvent mettre à terre que six divisions d'infanterie et une division blindée réduites à leurs éléments de combat, soit 50 % des véhicules, ce qui limite d'autant la capacité d'étendre la zone vitale de la tête de plage et plus encore la possibilité de percer vers l'arrière-pays. La certitude que cette opération comporte des risques est tempérée par la conjoncture générale de la guerre en Europe, qui laisse d'heureux présages aux assaillants.

IV

À l'assaut de la forteresse Europe

Situation en Normandie, en Italie et en Russie

La situation globale à la veille du 15 août apparaît très favorable aux assaillants. Sur plusieurs fronts, la forteresse Europe souffre de larges brèches impossibles à obturer. Un panorama d'ensemble montre que le front de Provence s'inscrit dans une dynamique irrésistible.

En Normandie, les Alliés commandés par le général Bradley, sous le titre de 12e groupe d'armées américain et du 21e groupe d'armées britannique, encerclent la 7e armée allemande dans la poche de Falaise et d'Argentan. Après la percée d'Avranches, la 3e armée du général Patton déferle en Bretagne et vers la Loire, isolant les garnisons statiques allemandes dans les poches de l'Atlantique. Le Mans et Alençon servent de base logistique aux 12e et 20e corps américains découplés vers la Seine.

En Italie, la 5e armée américaine et la 8e armée britannique dépassent le parallèle de Sienne et infléchissent leur progression vers Pise, Florence, Arezzo et Rimini. Quoique freinées dans leur élan par les prélèvements destinés à l'opération Dragoon, ces forces parviennent en vue de la ligne gothique, position fortifiée allemande qui défend les premiers contreforts de l'Apennin émilien-toscan.

Sur le front de l'Est, les Allemands viennent de perdre la Lettonie et l'Estonie. En Biélorussie, les 4e et 9e armées sont anéanties. L'armée

Rouge menace la Prusse-Orientale, territoire du Reich. L'offensive est en cours pour atteindre la rive gauche de la Vistule. Depuis le 4 août, Varsovie est en insurrection, mais Staline attend que les Allemands règlent à leurs frais le problème polonais. Les insurgés vont se battre isolés pendant deux mois, à portée de canon de l'armée Rouge, dans une région de plaine, un vrai glacis à chars, qui aurait pu être favorable à des aérodromes alliés. Entre les marais du Pripet et les montagnes de Carpates, les villes de Kovel, Lublin et Lwów passent sous contrôle soviétique. Gravement menacées à leurs frontières, en proie à des troubles intérieurs, la Roumanie et la Bulgarie sont prêtes à capituler et à renverser les alliances.

Sur l'ensemble des fronts, y compris la défense du territoire du Reich, la Luftwaffe est non seulement réduite à la défensive, mais encore les réserves stratégiques allemandes sont épuisées. Carence de pièces détachées, usage de carburants ersatz et insuffisants, crise des usines d'armement et de munitions, lenteur d'une armée largement tributaire des attelages hippomobiles, paralysie ponctuelle du réseau ferroviaire bombardé, pénurie de renforts, épuisement des classes de contingent, déficit démographique, de nombreux facteurs concourent à détériorer la machine de guerre du Reich. Il arrive que certaines situations soient assez cocasses. Par exemple, lorsqu'une unité descend du front et qu'elle en croise une autre qui y monte, l'armement est si rare qu'il doit changer de main. Si la liste d'appel des troupes n'a pas été transmise à temps, l'intendance fournit des vivres aux survivants qui se délectent des rations des morts.

Les deux phases du plan allié

Le plan initial, celui de débarquer entre Cavalaire-sur-Mer et Agay, subit plusieurs modifications. Le littoral d'Hyères et du Lavandou présente l'avantage de diminuer la distance entre la zone logistique terrestre et l'assaut qu'il va falloir livrer sous Toulon. Malheureusement, la portée des pièces lourdes de 340 mm de marine, mises en batterie à Saint-Mandrier-sur-Mer, atteint ces plages. Installées au cap Cépet, elles portent à 35 km, à la cadence de 8 coups par minute. C'est la raison pour laquelle la zone de débarquement reçoit Cavalaire-sur-Mer comme limite ouest, pour s'étendre jusqu'à la baie du cap de Dramont, à Agay et Anthéor-Cap-Roux, à 70 km vers l'est. Le jour D, appellation locale du jour J, est définitivement fixé au 15 août ; l'heure H à 8 heures. Le plan d'offensive comporte deux phases :

La première phase consiste à conquérir une tête de plage de 70 km de long et de 30 de profondeur dans l'intérieur des terres. La force Kodak Force, nom de code du 6e corps d'armée US, doit s'emparer des massifs montagneux des Maures et de l'Esterel. Elle doit aménager une ligne de retranchements légers de campagne appelée *blue line*, la ligne bleue, avec ses propres moyens du génie, le long d'un front jalonné d'est en ouest par :

- Théoule-sur-Mer, au sud-ouest du golfe de la Napoule ;
- l'auberge des Adrets, sur la RN 7 de Fréjus à Cannes ;
- Bagnols-en-Forêt ;
- Trans-en-Provence, au sud de Draguignan ;
- Le Cannet-des-Maures, à l'est de Le Luc ;
- le cap de Léouben dans la rade d'Hyères, au sud-ouest du Lavandou et dans la région de Collobrières.

La deuxième phase consiste à faire débarquer dès le lendemain, D + 1, les éléments avancés de l'armée B composée de Français, sous le nom de code Garbo Force. Ces éléments doivent précéder l'ensemble de l'armée B de façon à ce qu'elle prenne position sur la ligne bleue. Aussitôt que les Français les relèvent, les éléments de reconnaissance du 6e corps d'armée US doivent s'enfoncer dans les Préalpes, pour permettre à l'ensemble des grandes unités américaines de se déployer vers le nord et le nord-ouest. Leurs deux missions se résument à s'emparer de Grenoble, tout en couvrant le flanc droit des Français. Ces derniers doivent franchir la ligne bleue et déborder Toulon par le nord. Après la réduction de la poche de Toulon, l'armée B doit marcher sur Marseille.

La grande inconnue, le point critique de cette opération réside dans les préliminaires de la première phase, considérant que les deux phases principales sont loin d'être de la routine, mais obéissent à des critères objectifs conformes à la méthode de raisonnement tactique. Au contraire, l'opération préliminaire de couverture inquiète l'état-major. Elle est confiée à trois détachements spécialement entraînés, dont les pertes prévisibles conduisent les plans à limiter leur action à cette phase. Leur attrition prévisionnelle dissuade les rédacteurs d'état-major de les inclure dans le plan d'exploitation de la percée.

– La division aéroportée, sous le nom de code Rugby Force, sera larguée à l'aube dans la région du Muy. À 11 km au sud-est de Draguignan, les parachutistes doivent couper la route nationale tout en se servant de ce tronçon comme pénétrante au profit de leurs propres liaisons. Ils doivent interdire aux Allemands d'acheminer les renforts stationnés dans les agglomérations de Le Luc, Le Cannet-des-Maures et Draguignan.

– Au nord-est, le groupe naval d'assaut du capitaine de frégate Seriot doit s'emparer de la pointe de l'Esquillon, au sud de Théoule-sur-Mer, et neutraliser les batteries d'artillerie côtière. Confier cette mission à des fusiliers marins correspond bien aux traditions des grandes marines, mais nécessite des moyens du génie d'assaut dont disposent rarement des troupes qui ont dû voyager sur de frêles esquifs.

– Au sud-ouest, dans la région du cap Nègre, à l'est du Lavandou, les commandos d'Afrique du lieutenant-colonel Bouvet reçoivent la même mission. Le commandement n'hésite pas à les employer comme des « enfants perdus », selon une terminologie qui date des lansquenets du XVIe siècle.

– Dans les îles d'Hyères, la First Special Service Force américaine, composée de vétérans des Aléoutiennes et d'Anzio, doit conquérir l'archipel. Eux seuls disposent de moyens vraiment adaptés à la mission, mais ils sont tellement lourds qu'ils ralentissent considérablement tous les mouvements.

La planification établie par le haut commandement allié a établi ses prévisions selon l'hypothèse la plus défavorable, celle d'une opposition allemande coriace et organisée comme en Italie. Les combats retardateurs qu'ils mènent en Normandie confirment la prudence méthodique des Alliés. Les approvisionnements en alimentation, en carburant, en munitions, en pièces détachées, en matériel médical, sont programmés en fonction d'une percée assez lente. D'après les prévisions, la chute de Toulon aurait lieu à D + 20, le 4 septembre, celle de Marseille pour D + 40, soit le 25 septembre. Les moyens de franchissement du génie sont acheminés sans précipitation, sachant que la coupure importante, la Durance, ne sera atteinte que vers le 15 octobre. Certains rédacteurs d'état-major, particulièrement pessimistes, n'imaginent pas s'emparer du quadrilatère de Lyon, Bourg-en-Bresse, Chalon-sur-Saône et Vichy avant D + 90, soit le 15 novembre. Ce rythme méthodique ressemble parfaitement au style tactique inculqué dans les écoles anglo-saxonnes de West Point et Sandhurst, acquis depuis la reprise de la guerre de mouvement de 1918. Il s'agit aussi d'un trait de caractère profondément ancré dans les mentalités routinières depuis les guerres indiennes et les conquêtes coloniales victoriennes. L'élan irrésistible de l'armée française va bousculer et précipiter ces prévisions. Il contribue à effacer les effets fâcheux produits par les actions spéciales initiées trop tôt, comme celle du Vercors.

Le Vercors, victime de la lenteur méthodique anglo-saxonne et des rivalités entre Français

Le général Delestraint, d'une fidélité sans faille à l'égard du CFLN, ne connaît que la guerre conventionnelle. Peu au fait des règles de la guérilla, il imagine qu'il peut utiliser les zones montagneuses inaccessibles aux troupes rapides allemandes pour y implanter des abcès de fixation susceptibles de gêner l'ennemi sur ses arrières en cas de débarquement. Ne manquant pas d'ambition, il caresse l'espoir d'y aménager les avant-postes de l'invasion. Il commet deux erreurs supplémentaires : la première consiste à confier à Huet, un commandant de chasseurs alpins, un réduit montagnard que celui-ci organise sur le modèle d'une garnison de troupes régulières ; la seconde se traduit par l'éparpillement dans la diffusion des ordres. En effet, les notes de service transitent par des circuits politiques animés par des éléments de natures très diverses, quand ils ne sont pas rivaux : les comités de la France libre avides de se transformer en Assemblée provisoire consultative et d'asseoir leur audience internationale ; les réseaux montés par le Gouvernement provisoire d'Alger pour affirmer son pouvoir ; le chef du comité d'action contre la déportation Yves Farge, Zeller et Descour envoyés auprès de Huet ; Tournissa, qui exécute la mission Paquebot ordonnée par Soustelle pour aménager un aérodrome à Vassieux-en-Vercors ; Kœnig, qui donne un contrordre le 10 juin pour annuler la mobilisation ; le commissaire à l'air, Grenier, favorable aux FTP, qui néglige d'organiser l'appui aérien par rivalité à l'égard de l'AS. Le drame se noue très vite : les renseignements allemands notent la mobilisation du 6 juin ; le général Pflaum boucle le massif le 15 juin ; les B-17 larguent quelques armes légères le 14 juillet, mais les Alliés refusent d'investir ultérieurement plus de moyens dans une opération hasardeuse ; les Allemands larguent des planeurs à Vassieux-en-Vercors le 20 juillet ; le maquis est réduit le 22 au soir.

L'histoire officielle affirme que les responsabilités du drame restent encore à définir. Elle se retranche derrière les prévisions alliées d'une jonction prévue à D + 90, oubliant que le CFLN avait politiquement intérêt à créer une enclave en territoire métropolitain sous son contrôle. Seul Jacques Soustelle semble avoir été assez lucide pour accuser Grenier de duplicité.

Les bombardements aériens

Le bombardement stratégique systématique de la forteresse Europe ne distingue pas une action particulière au profit du front de Provence. Il s'agit d'une opération d'ensemble dans lequel ce front trouve sa place. Parmi les plus meurtriers des bombardements, celui du 26 mai 1944 provoque 280 morts et 100 disparus dans la population civile du quartier Saint-Roch à Nice. À l'issue de la guerre, la population a perdu 30 000 habitants, partis ou décédés.

Depuis plusieurs semaines, les Alliés bombardent les accès à la Riviera : les aérodromes, les voies de communication intérieures de

Provence et les grands axes vers le Languedoc et Lyon subissent un marmitage intensif. En vue de la préparation immédiate du débarquement, sous le nom de code Nutmeg, noix de muscade, commence à D – 10 un encagement du futur champ de bataille. Ces frappes visent trois sortes d'objectifs :

– les défenses côtières en priorité ;
– les zones de desserrement de l'arrière-pays ;
– le futur tracé de la ligne bleue.

Nutmeg se traduit par le largage de 12 500 tonnes de bombes, dont 360 pour la seule presqu'île de Saint-Mandrier-sur-Mer. 4 sous-marins et 2 bâtiments de surface y coulent.

Du 5 au 9 août, cet encagement est complété par des opérations de déception afin d'intoxiquer les services de renseignements allemands en troublant leurs calculs de probabilité. Il convient d'ajouter à ces bombardements intensifs les harcèlements sans réelle efficacité entre Béziers et Gênes, mais qui visent trois buts : maintenir une zone d'insécurité qui use les nerfs des sentinelles, obliger les commandements territoriaux à organiser une veille constante, disperser le potentiel de FLAK sur un territoire trop grand à protéger. Du 10 au 15 août, l'aviation harcèle directement les plages, les batteries côtières et les radars. Le 14 août, les chasseurs bombardiers effectuent 250 sorties pour occuper le ciel au-dessus du convoi d'assaut qui se rassemble au large de la Corse. Pendant toute la période qui s'étend entre la conception de Anvil et le déclenchement de Dragoon, l'ensemble des forces aériennes effectue 5 408 sorties. Elles perdent seulement 50 appareils, face à une Luftwaffe surclassée, qui doit se contenter de reconnaissances furtives à court rayon d'action.

Un seul et unique Français connaît les dates précises d'Overlord et de Dragoon

Le colonel Paul Paillole, pupille de la Nation, dont le père fut tué en 1918, est instruit à Saint-Cyr. En 1935, jeune lieutenant, il entre aux services secrets, puis crée un réseau clandestin de renseignements en 1940. Il est lié à l'arrestation et à l'exécution de centaines d'agents de renseignements germano-italiens que l'Abwehr ne peut pas protéger. Réclamant à l'amiral Darlan l'évacuation des archives de Toulon vers Alger, il se voit opposer un refus : « Pourquoi empêcheriez-vous les Allemands de consulter les archives alors que vous laisseriez les Alliés le faire ? » Passant outre, il se rallie à Giraud, puis tente de persuader de Gaulle de s'entendre avec celui-ci et s'entend répondre avec condescendance : « Vous rêvez, mon petit ! » Il dirige la sécurité militaire et le contre-espionnage, procédant à de nombreuses arrestations d'espions livrés à la cour martiale. Seul et unique Français à être informé de la date précise d'Overlord, il active aussi des agents de renseignements pour Dragoon, mais, en désaccord avec le gouvernement provisoire, il démissionne fin 1944.

Au commencement était le verbe de Dystel et de Salemson

Dans la matinée du 15 août, un compte rendu du 57e groupe de bombardiers Mitchell basé en Corse parvient à la section de l'OWI (service de la guerre psychologique) à Naples : « Aujourd'hui 15 août, deux millions de Nickels lâchés sur objectifs déterminés. » Parmi ceux qui sont rédigés en langue française, l'un d'eux exhorte nos compatriotes à soutenir l'effort : « Les armées des Nations unies ont débarqué dans le Midi. Leur but est de chasser les Allemands et d'effectuer leur jonction avec les armées alliées qui avancent en Normandie. Les forces françaises participent à cette opération, aux côtés de leurs frères d'armes alliés, sur mer, sur terre et dans les airs. L'armée française est à nouveau une réalité : Elle combat sur son propre sol pour la libération de la patrie, avec toutes ses traditions de victoire. Rappelez-vous 1918 ! Tous les Français, civils aussi bien que militaires, ont leur rôle à jouer dans la campagne du Midi. Votre tâche vous sera expliquée : écoutez la radio alliée, lisez les avis et les tracts, transmettez les consignes de l'un à l'autre. Mettons fin aussi rapidement que possible à la lutte. »

D'autres imprimés en allemand, en tchèque, en russe, en polonais, en arménien, diffusent des informations destinées aux supplétifs et aux soldats réguliers afin de décourager toute velléité de combattre. Tous sont contrôlés, voire rédigés par Oscar Dystel, ancien éditeur de magazines américains. Il dirige le service spécial des tracts en Alger. Dystel ne connaît que les États-Unis et en sort pour la première fois en 1942, lorsqu'il est affecté en Afrique du Nord. Entouré d'une vingtaine d'officiers britanniques, américains et français, d'un grand nombre de traducteurs-interprètes, de civils réfugiés d'Allemagne et des pays occupés, il trône au milieu d'une véritable tour de Babel qui n'a qu'un objectif : la guerre psychologique. Informé du débarquement de Provence dès février 1944, il installe ses imprimeries en Alger et à Bari en Italie. Il lui faut se procurer du papier, de l'encre et du matériel pour les illustrations dans le plus grand secret. Un seul tract égaré peut compromettre l'invasion. Le lieutenant-colonel V. C. Armitage se trouve chargé de veiller « à ce que tout soit enveloppé du voile le plus impénétrable ». Fortuitement, le dimanche 13 août, un incident inquiète Oscar Dystel et son adjoint Stevens T. Salemson. Alors qu'il surveille une dernière fois les colis d'imprimés avant l'embarquement pour la Corse, où ils doivent être emballés dans des bombes spéciales et confiés aux aviateurs du 57e groupe, un des conteneurs scellés de bandes adhésives se déchire. Un coup de vent ouvre une des bombes mal fermées. Des centaines de tracts s'éparpillent sur le tarmac. Une section entière de MP les récupère jusqu'au dernier. Salemson se souvient : « Ils couraient à quatre pattes sur les pistes d'envol. Si jamais un des soldats involontairement mis dans le secret avait parlé, l'invasion déclenchée le surlendemain eût été compromise. » Les bombes contiennent une proclamation du général Wilson, un tract incitant les civils à laisser les routes libres, un autre à recueillir tous les renseignements importants pour les transmettre aux troupes alliées, des appels au sabotage destinés aux travailleurs du transport, un permis de reddition pour les troupes de la Wehrmacht et les supplétifs orientaux. Il annonce clairement : « Die Front in Süd Frankreich ist steht » (le front du sud de la France est devenu une réalité). « En cette même heure, la question fatale est désormais pour vous de mourir ou de devenir prisonniers de guerre. »

Dans la nuit du 11 au 12 août, il y a déjà eu un épandage de tracts invitant les Arméniens « à ne plus lutter pour Hitler et sa clique. Le jour viendra bientôt où vous pourrez remédier à votre situation, soyez prêts ! ». Cette affaire a causé quelques difficultés à Dystel. Les caractères spéciaux d'imprimerie les plus accessibles en cette langue se trouvaient au Caire. Il fallut donc envoyer en Égypte une copie des proclamations pour la faire composer et, ensuite, réexpédier celle-ci à Bari pour l'imprimer. Le secret des tracts est bien gardé, au point qu'il n'est pas nécessaire de les mettre à l'abri dans les coffres-forts de l'OWI. Étant donné qu'ils sont composés en caractères spéciaux et qu'ils peuvent contenir aussi bien des recettes de cuisine que des passages d'*Alice au pays des merveilles*, ils cessent à partir de ce moment de causer des ennuis à leurs responsables. Ils courent peu de risque de trouver des espions parlant l'arménien, parmi les honorables correspondants de l'Abwehr, à Naples et au Caire.

Cette méthode des services secrets américains se rencontre sur tous les fronts. Par exemple, des Nisei sont affectés aux interrogatoires de prisonniers de l'armée impériale nippone. D'une manière plus systématique, des membres de la communauté ashkénaze émigrés après les pogroms antérieurs à la Grande Guerre, parlant le yiddish, le polonais, les langues baltes, l'ukrainien, les dialectes cosaques, deviennent des linguistes précieux. Ceux qui se sont intégrés dans leur nouvelle patrie ne posent aucun problème. D'autres, plus proches du milieu impliqué dans la prohibition, sont heureux de retrouver une virginité judiciaire. Les émigrés politiques sont les plus motivés. En général, ils parlent leur langue maternelle allemande. Dès le début de l'opération Overlord, puis face aux poches de l'Atlantique, de nombreux GI's fraîchement naturalisés mettent à profit leurs connaissances linguistiques dans la guerre psychologique et la manipulation mentale, utilisant les haut-parleurs montés sur leurs camions, puis servent d'interprètes pour les interrogatoires.

L'OSS contrôle toutes les communications et mesure chaque phrase, y compris chez les auxiliaires français, comme celle que prononce le lieutenant-colonel Durosoy par haut-parleur dans les LST : « Nous nous retrouverons tous sur un point de nos côtes, où commencera immédiatement le combat pour la Libération. Aidez tout ce qui vous aidera et viendra à vous. Détruisez tout ce qui vous résiste, et n'oubliez jamais que vous vous battez sur le sol français. »

Le vocable de « Libération » est lui-même le fruit d'une remarquable découverte de René Cassin. Ce professeur de droit constitutionnel rédige personnellement le *JO* d'Alger. Son réseau relationnel lui permet de susciter à Alger l'approbation d'une partie des notables en faveur du gouvernement provisoire, en particulier ceux qui avaient été inquiétés pour leur appartenance à des sociétés de pensée ou victimes de la révocation du décret Crémieux. Il oriente des talents linguistiques vers l'équipe Dystel-Salemson. Son influence militaire est apparemment nulle, mais son action sur la sémantique s'exerce sur Dragoon. Outre son immense connaissance du droit positif, il dénonce la dérive du droit naturel grâce à une érudition considérable en théologie. Il traduit *Géoulah* par « libération », là où la langue française classique aurait préféré « délivrance ». Il consacre le terme de Libération au chef du GPRF, concept qui lui reste éternellement lié. L'ingratitude étant la caractéristique de beaucoup de chefs, ce dernier lui donne le prédicat de monsieur le professeur, germanisme tiré de *Herr Professor*, faute de français entrée dans les mœurs.

V

Le débarquement, opération amphibie du 6e CAUS

L'amiral qui transporte des forces d'invasion se suicide

Entre le 1er et le 10 août, les forces d'invasion sont rassemblées dans les *Stating areas*, les zones d'attente d'embarquement, aménagées à proximité des portes de Mers el-Kébir, Oran, Ajaccio, Bastia, Malte, Brindisi, Tarente et Naples. L'amiral Hewitt remplace Donald Moon, nerveusement à bout, qui vient de se suicider le 4 août. Entre le 10 et le 14 août, les bâtiments appareillent en six groupements sous le nom de Naval Western Task Force. Venues de Naples, les barges d'assaut du 6e corps, celles des personnels et des matériels cinglent en direction des côtes occidentales de la Corse par les bouches de Bonifacio. Ceux des groupements venus des autres ports d'Italie, de Sicile, de Malte et d'Afrique du Nord se forment en convois dont les barges du 6e corps prennent la tête. Les services de renseignements allemands n'ignorent rien de la menace qui pèse sur le Südwall, mais ignorent toujours l'endroit précis de l'assaut. Une opération de déception détourne leur attention vers Gênes. Les services secrets orchestrent une mise en scène de quantités d'indices afin d'intoxiquer l'adversaire. Pour donner plus de poids à ce leurre, Hewitt met le cap sur ce port, l'approche après six heures de croisière, puis profite d'une brume légère qui masque les observateurs de la Luftwaffe pour mettre cap à 120° vers la Provence. À bord des embarcations, surtout les esquifs les plus frêles, beaucoup d'hommes souffrent du mal de mer. Incomparablement plus longue que la traversée de la Manche le 6 juin, celle de la Méditerranée ce 15 août est aggravée par un pilotage moins linéaire. Il n'existe aucun équivalent du Piccadilly Circus où se rassemble la flotte d'assaut, permettant aux pilotes de tirer moins de bords, donc de moins bousculer les passagers. Pour des hommes qui vont risquer leur vie sous peu, la pression psychologique aggrave la nausée.

Après la feinte de Gênes, les ruses de guerre se multiplient

Deux autres opérations de déception, sous le nom de code commun Ferdinand, dessinent une menace navale entre Nice et Cannes et une gesticulation aéronavale à La Ciotat, complétée par un largage de mannequins parachutés. Ce sont de grossières poupées en toile de jute remplies de paille ou de crin, au tiers de la taille d'un homme, suspendues à des parachutes miniatures, du format de la voilure servant à ouvrir les groupes de fret. En revanche, il existe aussi des mannequins Oscar en caoutchouc peint, très réalistes, au tiers de la taille d'un homme. Les Allemands commettent deux fautes tactiques. La première consiste à mettre Gênes en alerte et maintenir en veille opérationnelle le secteur entre Hyères et Cannes. La seconde est à porter au débit du général Neuling, qui commande le 62e corps d'armée, dont le secteur s'étend entre Menton et Marseille et qui décide de faire prendre à ses réserves une posture tactique prête à intervenir d'est en ouest, estimant que la menace pèse davantage sur Marseille.

Les coups de commando

Les opérations ponctuelles des commandos et des troupes aéroportées visent à encager la zone d'assaut et assurer le plus de sécurité possible en flanc-garde au profit de l'infanterie régulière du 6e CAUS chargée du débarquement en force. Les forces spéciales ont pour mission très limitée de neutraliser la première ligne de défense de la plage. Elles sont trop faiblement équipées pour tenir efficacement un périmètre, s'enfoncer durablement dans les autres lignes de défense, exploiter une percée, bloquer une contre-attaque blindée, se replier d'urgence en cas d'échec, évacuer leurs blessés ailleurs qu'à l'abri illusoire du mur antichar, recompléter leur approvisionnement autrement que par ce que chaque soldat porte sur lui. Ce sont tous des volontaires qui savent d'avance qu'ils essuieront de lourdes pertes. Les commandos français et les rangers américains appareillent de Propriano en Corse en fin de matinée du 14 août. Bénéficiant de conditions atmosphériques parfaites, ils passent la nuit du 14 au 15 en mer, sous un ciel sans lune, mais étoilé.

L'encagement de la zone d'assaut

Les Français du groupe des commandos d'Afrique, nom de code Romeo Force, sous le commandement du lieutenant-colonel Bouvet, reçoivent une mission articulée en quatre phases :

– débarquer nuitamment au cap Nègre et détruire les défenses ;

– bloquer une route et occuper deux points hauts : la RN 559 et les cotes 468 et 482, respectivement les lieux-dits de La Faveirolle et de Biscarre, à 3,5 km au nord du cap Nègre ;

– couvrir le flanc ouest du débarquement ;

– établir la jonction avec les éléments du 6e CAUS débarqués à l'est du cap Nègre, passer sous le commandement du général commandant ce corps, prêt à passer en réserve de la 7e armée américaine.

Cette mission ne manque pas d'audace et l'énoncé de la quatrième phase démontre à l'envi que le commandement ne se fait guère d'illusion sur le potentiel survivant après l'exécution des trois précédentes. À 22 heures, les LSI *Prince-Albert*, *Princesse-Béatrix* et *Prince-David* sont en vue du cap Nègre à 10 milles au large. Les personnels prennent place dans des LCA remorquant chacun 9 Rubber boats, des canots pneumatiques, d'une capacité de 10 hommes. Dans le dernier demi-mille avant la plage, les aussières sont rompues et les canots propulsés à la pagaie.

À 0 h 05 le 15 août, le commandant Rigaud à la tête d'un groupe de 20 hommes prend pied sur la plage du Rayol sans noter d'incident. Il émet le signal de mise à terre, mais les LCA au large n'y voient rien. Le gros des commandos, soit 600 hommes, va aborder au milieu de l'obscurité à 2 km à l'ouest, dans l'anse du Canadel, faute d'un guidage venu de la plage. Les moyens ont manqué pour Dragoon, tandis que, pour Overlord, deux sous-marins de poche avaient pu guider la flotte d'invasion en faisant émerger un mât lumineux. Au même moment, le capitaine Ducourneau et ses 35 hommes accostent au pied de la falaise, escaladent les 100 mètres de paroi verticale du cap Nègre, enlèvent par surprise la batterie d'artillerie au sommet du promontoire. Une autre section aborde à 4 km à l'ouest en plein dispositif ennemi, mais parvient à décrocher puis à rallier son unité le lendemain. Lorsque le lieutenant-colonel Bouvet s'aperçoit de l'erreur de cap, il prend la décision de mettre à terre ses commandos, passe sans bruit par la gare du Canadel (du chemin de fer rural datant de Napoléon III, aujourd'hui disparu), gravit les pentes du mont Biscarre à l'aube. À 10 heures, le 1er commando a pris le cap Nègre, le 2e a nettoyé Le Rayol, le 3e progresse vers La Môle. Profitant des sommets où les communications passent mieux, les opérateurs de radio établissent une liaison claire avec l'escadre. Les aviateurs se montrent plus habiles que les personnels navigants des barges, puisqu'un parachutage de munitions très précis permet de compléter ce qui a été tiré au Rayol, plus des caisses lourdes qu'il eût été impossible de charroyer la veille. Peu avant midi, un bataillon d'infanterie allemande surgit par le col au nord du cap Nègre par la RN 559. Le tir des hommes du capitaine Ducourneau fixe la contre-attaque, tandis que la radio guide le tir du cuirassé *Lorraine*, qui réduit la tentative allemande. Qu'auraient pu peser quelques dizaines d'hommes face à plusieurs centaines avec leurs pièces de mortier, sans l'appui de la flotte de haute mer pour pulvériser l'ennemi ? À 15 heures, La Môle est prise, puis à 18 heures, l'avant-garde des chars américains fait irruption au cap Nègre. Le décompte des pertes allemandes mentionne 300 morts et 700 prisonniers. Malgré l'erreur d'accostage, la surprise a permis une victoire à moindres frais.

Un débarquement en grandes pompes ; les premiers morts français

Joseph de Goislard de Monsabert, âgé de 56 ans en 1944, est l'arrière-petit-fils d'un chevau-léger de la garde du roi. Il en reprend la devise, *Patriae impendere vitam*, lorsqu'il prend le commandement du 2e corps d'armée. Saint-Cyrien, poilu d'exception, il passe ensuite presque toute sa carrière aux colonies. Chef de corps du 7e RTA à Blida en 1937, il ne participe pas à la campagne de France où notre infanterie indigène est détruite. Il sert Weygand et Juin, participe à insuffler l'esprit de revanche. Sa carrière s'accélère lors du ralliement de ses chefs aux Américains, puis il mène au feu la 3e DIA en Italie et en Provence. Cette division se veut « héritière de la IIIe Augusta, la glorieuse légion de Numidie », pour laquelle il crée l'insigne aux trois croissants, un bleu, un blanc, un rouge. Il fait céder les parachutistes d'élite du fameux 6e Fallschirmjägerregiment à monte Cassino. Piaffant d'impatience de reconquérir la France, qu'il considère comme un corps mystique, le débarquement de Provence fait figure de don surnaturel.

Sur la plage face au *Circassia*, l'aumônier Py célèbre la messe devant l'autel de fortune. Au moment de l'élévation, il se sent encore plus ému que lors de l'office face à Cassino ou à Rome. Les clairons remplacent les cloches et les sonnailles de l'enfant de chœur. Toutes les têtes se courbent, celles des plus humbles soldats comme celle de Monsabert, en même temps que s'incline le drapeau du 67e d'artillerie. Pour *mon-sabre*, les 19 navires qui transportent sa division évoquent les galères des croisades cinglant vers Saint-Jean-d'Acre, signe de la Providence en ces fêtes de l'Assomption. Après *Ite missa est* du prêtre catholique, le pasteur Chantoney prononce une brève prédication, parlant encore de la France, « notre patrie à tous, chrétiens et musulmans ». L'un de ses auditeurs, le sergent Manseur, musulman de stricte observance, fils d'un cheminot algérien, porte au cou une médaille de la Sainte Vierge, la « Madame d'Afrique » (comme l'appellent les musulmanes pieuses). Il vit en pleine légende avec son illustre chef, ne sachant plus s'il entre dans les contes de djinns ou dans le merveilleux chrétien. Il vient de déclarer à de Monsabert lors de l'embarquement : « À présent, mon général, c'est à la vie à la mort. » Le général avait souri, mais ignorait qu'il ne devait plus revoir son fidèle chauffeur personnel, qui allait être le premier tué de la division algérienne, honneur qu'il partage avec Texier, le premier mort français.

Atteint par la limite d'âge, blessé en Tunisie et en instance de réforme, Noël Texier a tenu à combattre en métropole. Il connut une longue nuit d'agonie au pied du cap Nègre, ce sergent ayant interdit à ses propres commandos d'Afrique de secourir les blessés, cela pouvant se faire au détriment de la mission prioritaire.

Les rangers du 1er Special Service Force

Cette unité sous le commandement du colonel Edwin A. Walker prend le nom de code Sitka Force. Elle reçoit une mission articulée en deux phases :

– débarquer de nuit et neutraliser les défenses des îles du Levant et de Port-Cros ;

– reconstituer la posture offensive des rangers après le déploiement nécessaire à la première phase, pour se tenir prêt à effectuer un bond vers le continent et s'emparer de l'île de Porquerolles. Cette seconde phase porte le nom de code Satan.

L'exécution de la mission commence par l'approche par mer. Utilisant les mêmes engins que les Français du groupe des commandos d'Afrique, les transports mettent en panne à 6 milles au large, puis l'approche est effectuée par canots de caoutchouc remorqués. Enfin, le dernier demi-mille est franchi à la pagaie. Les rangers arrivent au pied de la falaise réputée inabordable, dégarnie de sentinelles. La surprise est totale. Dans un premier temps, l'île du Levant est conquise le 15 août, dans un second, la résistance de la garnison du vieux fort de Port-Cros se prolonge jusqu'au matin. Préventivement pilonnée par l'aviation et les pièces lourdes de la flotte, l'île de Porquerolles se rend sans combat le 22 août.

Le groupe naval d'assaut français

Cette unité sous le commandement du capitaine de frégate Seriot prend le nom de code Rosie Force. Composée de 67 officiers, officiers mariniers et matelots, elle reçoit une mission articulée en deux phases :

– débarquer à la faveur de la nuit à la pointe de l'Esquillon, au sud de Théoule-sur-Mer, et neutraliser les défenses côtières ;

– découpler les groupes, le 1er du capitaine de corvette Marche, le 2e du lieutenant de vaisseau Letonturier, afin de couper les routes de Cannes à Saint-Raphaël et Fréjus, RN 7 et RN 559, par des destructions et des abattis.

L'exécution de la première phase débute favorablement, lorsque 7 bateaux de caoutchouc touchent terre à 2 heures du matin à la pointe de l'Esquillon. Très vite, la situation tourne au drame, lorsque le chef de détachement et ses 26 hommes se heurtent dans l'obscurité au réseau de barbelés et au champ de mines. Le chef et 26 de ses hommes sont tués ou blessés, le reste capturé. L'échec est total à cause de la première ligne légère aménagée par les pionniers du génie allemand.

Les troupes aéroportées

La flotte de transport est fournie par les 50e, 51e et 53e *Troop Carrier Wings* de la US Air Force, soit 526 avions, surtout des Dakotas C-47 bimoteurs, plus 50 planeurs Horsa et 450 planeurs Waco CG-4A, qualifiés de « meilleurs planeurs de la guerre », mais parfois d'une instabilité qui provoque des accidents, comme celui qui a lieu au cours d'un essai. Il se solde par le décès de tous les édiles de Saint Louis du Missouri. Dans le théâtre d'opérations méditerranéen se trouvent 6 500 hommes brevetés parachutistes et 2 500 hommes instruits à l'assaut par planeur.

Les Alliés articulent un PC divisionnaire, commandé par le brigadier général R. T. Frederick, sous le nom de code Rugby Force, rattaché à la 7e armée. Cette division multinationale se compose de :

– la 2e British parachute brigade du général de brigade Pritchard, composée du 4e Battalion parachute regiment, du 5e Battalion parachute regiment (issu du 7e Battalion queen's own Cameron Highlanders) et du 7e Battalion parachute regiment (issu du 10e Battalion royal Welsh fusiliers), la 23e Independant parachute platoon pathfinders, plus les services d'appui et de soutien ;

– le 509e bataillon de parachutistes américains (lieutenant-colonel Yarborough) ;

– le 550e bataillon d'infanterie américaine, aéroporté par planeurs (lieutenant-colonel Edward I. Sachs) ;

– le 1er bataillon du 551e régiment de parachutistes américains (lieutenant-colonel Wood E. Joerg) ;

– le 517e Regimental combat team de parachutistes américains (colonel Rupert D. Graves. Son adjoint, le lieutenant-colonel Melvin Zais, est âgé de 28 ans seulement) ;

– le 460e Battalion parachute artillery (lieutenant-colonel Raymond L. Cato) et le 463e (lieutenant-colonel John T. Cooper), soit 213 canons légers et mortiers ;

– les troupes de soutien divisionnaire (train, transmissions, réparations, santé, matériel, intendance, prévôté, vaguemestre...).

La division dispose de 220 Jeeps. Il n'y a ni camion, ni blindé, ni artillerie lourde. Elle reçoit une mission articulée en quatre phases :

– prendre en tout premier lieu le contrôle des zones de largage, les drop zones, ainsi que les hauteurs qui dominent Le Muy, Sainte-Roseline, La Motte et Roquebrune-sur-Argens ;

– tendre des embuscades préventives aux renforts ennemis qui pourraient venir de l'ouest et du nord-ouest ;

– semer la confusion dans les arrières et prendre à revers le système de défense ;

– établir la liaison radio avec le 6e corps d'armée, passer sous le commandement du général commandant ce corps, puis passer en réserve d'armée.

L'exécution de la mission se déroule sans grand imprévu. Un brouillard épais masque les vallées de l'Argens et de la Nartuby lorsque le 509e bataillon saute des avions à 4 h 30. Le 517e Regimental combat team le suit à 4 h 35, puis la 2e brigade à 5 h 10. La FLAK et la chasse sont absentes, mais le contact est pris presque immédiatement. Quelques nids isolés tentent une riposte, vite éteinte. Tandis que les parachutistes prennent les positions qui leur sont assignées pour protéger les abords des aérodromes de fortune, les jalonneurs des planeurs parachutés en précurseurs organisent le terrain, dégagent les broussailles et les clôtures, posent les repères sol-air, préparent l'atterrissage des planeurs. Les premiers d'entre eux touchent terre à 9 h 30. De nombreuses déchirures zèbrent les flancs, froissent les armatures métalliques, sans compter les bosses du terrain, mais les personnels sont instruits à rester assis, lever les pieds du sol, se protéger la nuque et rester stoïques jusqu'à l'immobilisation de l'aéronef. Les services divisionnaires sont installés à proximité des pistes en début d'après-midi. En fin d'après-midi, l'ensemble de la division est regroupé. Au fur et à mesure des atterrissages, les unités fractionnées à cause de la contenance des carlingues sont reconstituées puis orientées vers les positions qu'elles doivent tenir, conformément aux plans. Certaines confusions inévitables ralentissent les mouvements, mais, au moins, cela ne se fait pas sous le feu : seuls les Military Policemen s'arrachent les cheveux, mais ils sont là pour cela. La garnison allemande du Muy est la seule à organiser une riposte acharnée. Ailleurs, les contre-attaques locales sont totalement surclassées. La division aéroportée contrôle la fraction nord-est du massif. Elle coupe la RN 7 dans la portion de Fréjus à Aix-en-Provence. En aménageant les positions des guetteurs et des armes d'appui, les troupes aéroportées n'ont plus qu'à attendre la jonction avec la 45e division qui vient de débarquer sur les plages Delta. Statistiquement, il était inévitable que quelques erreurs de parachutage fussent commises. Par exemple, la plus grave concerne deux compagnies d'infanterie et deux batteries d'artillerie larguées vers 4 h 30 sur Pampelonne, à 4 km au sud de Saint-Tropez. Elles servent au moins à neutraliser deux batteries côtières et une batterie de FLAK. Elles attaquent ensuite Saint-Tropez, réduisent la citadelle, capturent la garnison de 240 hommes, qu'elles laissent sous la surveillance de quelques partisans locaux, tandis que débarquent les premières vagues d'assaut amphibie. 175 hommes ont été blessés ou tués lors de l'atterrissage, soit moins de 2 % de l'effectif. Outre les faits d'armes de valeur morale, les états-majors retiennent surtout des enseignements techniques. 60 % des Américains et 40 % des Anglais atterrissent trop loin de leur secteur d'opération. Le plus fâcheux concerne la perte de plus de 150 planeurs à cause du terrain impossible des Alpes-de-Haute-Provence. L'US Air Force dissimule ses erreurs de navigation et la faiblesse des réactions ennemies par des rapports optimistes. Cette leçon ne semble guère avoir porté. Overlord ayant vu les pertes sévères de ces engins inciter les Alliés à y renoncer, l'opération du Vercors montée par l'ennemi avait provisoirement redonné confiance aux adeptes de ce mode de transport. Il faudra attendre la bataille d'Arnhem aux Pays-Bas pour que sonne le glas du planeur. En résumé, mis à part l'échec sanglant de Théoule-sur-Mer, les opérations initiales réussissent. Elles interdisent l'intervention immédiate des réserves ennemies sur les plages de débarquement.

Étonnée par l'intrusion de nouvelles troupes dans leur environnement quotidien, la population civile semble garder son calme. Contrairement aux ports de l'Atlantique où la Propagandastaffel étale à l'envi la détresse des civils et leurs secouristes affairés, l'occupant craint l'encombrement des itinéraires par les réfugiés. Certes, les nouvelles de la Normandie sinistrée vont bon train, mais qui peut narrer le fatalisme des communautés rurales vivant presque en autarcie ? À l'intérieur des terres, aux Arcs, près du Muy, le facteur Marius Novo rencontre un guide français de la division aéroportée. Voyant l'homme habillé en GI's, il tente de rassembler quelques bribes hésitantes, comme *Friend, OK*... quelle n'est pas sa surprise de l'entendre répondre : « Couillon, je suis pas plus Américain que toi ! *Sé voulés vous parléi patoi.* »

L'assaut amphibie est à la charge du 6e CAUS. Ses moyens désignés sous le nom de code Kodak Force, sous les ordres du général L. K. Truscott, comprennent trois grandes unités et un soutien blindé. La 3e division d'infanterie du général O' Daniel, sous le nom de code Alpha Force, doit prendre pied sur les plages Alpha, entre le cap de Saint-Tropez et Cavalaire-sur-Mer. Simultanément, la 36e division d'infanterie du général Dahlquist, sous le nom de code Camel Force, débarque sur les plages Camel, entre Anthéor-Cap-Roux et Val d'Esquières. La 45e division d'infanterie du général Eagles, sous le nom de code Delta Force, conquiert les plages Delta, entre Val d'Esquières et Saint-Tropez. En appui de ces trois grandes unités est prévu le Combat Command blindé n° 1 du général Sudre, un subordonné du général Touzet du Vigier qui commande la 1re division blindée française. Il peut paraître hasardeux de lancer sur des plages une telle masse de fantassins avec si peu de blindés, mais le commandement n'a guère le choix. Parmi les barges spécialisées dans le transport lourd, il y en a juste assez pour une première rotation des troupes de Sudre, mais la principale raison vient des contraintes géographiques. En effet, à quoi servirait d'encombrer un littoral rocheux et des routes sinueuses avec une foule d'engins chenillés ?

Les missions du 6e CAUS données par le général commandant la 7e armée sont articulées en six phases :

– débarquer le jour D à l'heure H trois divisions d'infanterie renforcées sur les plages entre Agay et Cavalaire-sur-Mer ;

– s'emparer le jour D de l'agglomération du Muy et établir une liaison avec la Rugby Force ;

– débarquer le Combat Command blindé n° 1 dès la fin du nettoyage des plages ;

– élargir la tête de plage en direction de la ligne bleue le jour D + 1. S'emparer de la vallée d'Argens entre Fréjus et Le Muy ;

– progresser ensuite vers Aix-en-Provence à l'ouest et Manosque au nord-ouest en couvrant le flanc nord de l'armée d'invasion. Il lui faut aussi garder la liaison par radio avec l'état-major du 2e corps d'armée français, conserver le contact de secteur permanent avec la plus proche unité française afin qu'aucun élément ennemi ne puisse s'infiltrer ou s'exfiltrer en limite de secteur des corps d'armée. Pendant ce temps, les Français doivent envelopper et attaquer Toulon ;

– ravitailler, remettre en condition de combat, replacer à la disposition du général commandant la 7e armée : les troupes aéroportées, le groupe des commandos d'Afrique et le Combat Command blindé n° 1.

Le bombardement préalable et la préparation d'artillerie

Après Nutmeg, l'opération de bombardement aérien qui depuis plusieurs jours use le dispositif ennemi sur l'ensemble du futur théâtre d'opérations de Provence, se déclenche le jour D à 3 h 50 l'opération Yokum. Concentrée sur les plages, elle pulvérise les défenses côtières grâce à 1 000 avions qui surgissent par vagues successives, entretiennent un feu roulant et continu. Sont présentes plusieurs grosses unités de haute mer : la vieille HMS Ramillies, armée de 380 mm face à Cavalaire-sur-Mer, les USS *Nevada* et *Texas* armées de 356 mm du contre-amiral C. F. Briant, face à Sainte-Maxime, les USS *Tuscaloosa* et *Arkansas* armées de 305 mm face à l'Esterel. À 5 h 30, les pièces de gros calibre d'artillerie de marine occupent les intervalles entre chaque vague de bombardement aérien, où elles s'interrompent pour ne pas gêner l'aviation. 400 pièces lourdes tirent 16 000 projectiles, dont 2 939 par des pièces d'un calibre supérieur à 300 mm. À 7 h 50, les derniers avions rentrent à leur base, le temps que les poussières retombent, que les volutes s'apaisent, même si les fumées d'incendies persistent. Les dragueurs de mines ouvrent des chenaux au plus près du tirant d'eau des bâtiments de haute mer, pour qu'ils continuent à tirer des salves avec les pièces des plus gros calibres du monde. Pendant le temps de silence de l'artillerie lourde, les pièces légères des bâtiments d'escorte prennent le relais pour appuyer les troupes d'assaut par des tirs directs.

L'assaut des 3e, 45e, 36e DIUS

À 7 h 50, les officiers de tir de la flotte orientent progressivement le gisement vers les limites est et ouest des plages de débarquement, en prenant garde à ne pas marmiter les forces spéciales qui ont l'ordre de s'emparer des lisières. Ils ignorent encore les aléas des unes et l'échec des autres. De 7 h 50 à 7 h 58, les fameuses péniches dotées sur toute leur longueur de rampes lance-fusées à tir courbe écrasent la plage sous un déluge de feu. Ces mêmes bâtiments ont servi avec succès à Overlord en Normandie. Leur puissance vulnérante reste contestable. Toutefois, ils produisent un double effet psychologique : les assaillants sont galvanisés par le bouquet de flammes, tandis que la garnison ennemie doit se terrer aux abris, abandonner le guet et l'observation, attendre passivement la fin du déluge. L'inconvénient majeur de ces péniches réside dans l'impossibilité de recharger les rampes, qui ne tirent qu'une seule salve. Au total, 30 000 tubes à roquette crachent la désolation sur le site, tandis que l'aviation continue à marteler les arrières, permettant le report de feu qui encage les plages, bloquées aux extrémités par l'artillerie lourde de marine. Aussitôt, les dragueurs de mines et les bateaux frelons, *droneboats*, ouvrent le passage aux barges à personnels, les LCI, *Landing crafts infantry*, transportant les onze bataillons de la première vague d'assaut.

Ces onze bataillons sont détachés de leurs régiments d'origine et articulés pour la durée de l'opération en Regimental combat teams. Chacun a reçu en renfort les éléments interarmes nécessaires à la mission, mais qui, d'ordinaire, ne font pas partie du TED.

D'abord, un groupe de sapeurs du génie d'assaut est spécialement entraîné à mettre en œuvre des émetteurs de fumigène capables de créer un masque. Ayant les mêmes effets qu'une végétation provisoire, ce nuage de fumée s'interpose entre les fantassins ralentis par la progression dans l'eau et les tireurs ennemis embusqués. Ces sapeurs restent ensuite sur place où ils sont remis à la disposition du major de plage pour déminer les abords.

Ensuite, avec chaque bataillon naviguent quatre chars amphibies dotés d'une jupe imperméable, du même type que ceux qui ont déjà rencontré de graves avaries en Normandie. Ces engins sont capables d'appuyer l'infanterie sur la plage, mais sont inaptes au tir pendant la courte navigation qui leur est imposée entre leur barge de transport et le rivage. Une fois qu'ils ont pris pied, les jupes étanches démontées, ils peuvent aider l'infanterie à percer la première ligne de défense. En revanche, leur autonomie en carburant ne leur permet pas d'aller au-delà de la zone des plages. Selon une raisonnable probabilité, leur chance de survie très limitée face aux pièces lourdes empêche de les compter dans la percée suivante.

Derrière les chars amphibies doivent venir quatre tanks destroyers, destinés à exploiter la percée des lignes de défense suivantes, éventuellement à engager une action d'éclairage et de reconnaissance vers l'arrière-pays. La distance entre leur mise à l'eau et le rivage est calculée au plus près, sachant que, contrairement à Overlord, l'absence de flux des marées empêche d'échouer les barges pour débarquer sur le sable. Ces engins légers sont vulnérables aux tirs directs de la PAK, mais les services de renseignements alliés ignorent que la PAK vient de quitter la Provence pour renforcer la poche de Falaise. Très froidement, l'état-major considère que la dépense reste faible, parce que pour ces onze bataillons, cela ne représente que 44 chars, soit l'équivalent d'un régiment blindé. D'un cœur somme toute assez léger, les rédacteurs d'état-major considèrent comme acceptable ce prix d'un débarquement très important.

Avec chacun des onze bataillons d'infanterie progresse une petite équipe d'observateurs d'artillerie détachée par la marine, dotée simplement d'armement léger d'autodéfense. Ils ne sont pas destinés à aller combattre au contact de l'ennemi. Sur ces marins repose une responsabilité colossale. Équipés de radios, de signaux optiques, de cartes, de théodolites, de binoculaires, de tout un barda encombrant mais indispensable à l'observation des tirs des pièces lourdes de marine, ils sont les yeux de la flotte, fixés sur la ligne de feu. Ils partagent les risques des fantassins, dans la cohue des progressions sous le feu, mêlés aux troupes de première ligne. Ils doivent transformer les puissantes frappes des gros calibres en destructions chirurgicales sur les obstacles que rencontrent les troupes de débarquement. Une fois leur mission accomplie, des personnels de l'artillerie navale sont employés à la régulation et au contrôle du transit amphibie du fret.

Normalement, dans tout bataillon d'infanterie existe une section apte aux missions du génie. Toutefois, pour le débarquement, le commandement a jugé indispensable de prélever dans l'arme du génie une section de combat spécialisée dans les artifices. À peine plus nombreux que leurs homologues chargés d'émettre des fumigènes, ces sapeurs disposent des mêmes équipements que ceux qui ont été expérimentés lors des précédents débarquements alliés et utilisés à grande échelle le mois précédent en Normandie. Bangalores, pétards de démolition, matériel pyrotechnique dérivé du génie civil, tenailles à barbelés, détecteurs de mines, sacoches d'outillage pour détruire les équipements de position, lance-flammes, chacun a répété son rôle, mais pas avec autant de précision que leurs frères d'armes des plages normandes. Ces derniers avaient bénéficié d'un entraînement répétitif sur des sites aménagés à l'identique et sur des caisses à sable reproduisant les paysages à l'échelle réduite. Cette négligence pourrait laisser penser que le commandement allié n'accorde pas autant d'importance au débarquement de Provence qu'à celui de Normandie, mais la différence réside dans la faiblesse du renseignement topographique préalable. Ces sapeurs, s'il y a des survivants après la conquête de la plage, sont amalgamés à ceux de la section spécialisée en explosifs et démolitions pour neutraliser le site.

Il y a surtout en tête de chaque bataillon un groupe franc de 150 hommes qui débarque dès la première vague. Ces volontaires possèdent un niveau d'instruction qui les rend aptes aux missions spéciales. En revanche, comme il faut s'attendre à de lourdes pertes, leur effectif n'est pas comptabilisé dans l'organigramme du bataillon en vue de l'exploitation de la percée. Avec un certain pragmatisme, voire du cynisme, le commandement les considère comme consommables, à l'image des chars amphibies. En effectif, cela représente au pire 150 × 11 = 1 650 enfants perdus, soit la moitié des pertes quotidiennes de Verdun ou de Stalingrad.

Comme à l'exercice, le génie d'assaut ouvre la brèche

À 8 heures, le 7e Regimental combat team de la 3e division aborde les plages Alpha-rouge dans la baie de Cavalaire-sur-Mer, entre cette agglomération et le lieu-dit La Bouillabaisse. Il faut que les équipes spéciales se hâtent d'ouvrir des passages à l'explosif, puisque plusieurs tétraèdres de béton, piégés avec des *Tellerminen*, viennent de détruire plusieurs péniches. Les *Landing crafts tanks* (LCT) mettent les quatre chars amphibies à l'eau à un mille du rivage. Après une navigation sans incident notable, ils se rapprochent des tétraèdres, lorsque l'un d'eux saute sur une mine. Les trois autres parviennent à poser leurs chenilles sur la terre ferme. Aussitôt, leurs équipages les débarrassent de leur jupe étanche, débouchent le frein du canon, réorientent la tourelle en direction de l'ennemi, puis s'empressent d'aller appuyer les fantassins. L'infanterie du 7ᵉ RCT fait irruption dans les lignes de défense, les dépasse, puis progresse rapidement vers l'intérieur des terres, tandis que quelques sapeurs déminent les itinéraires et que les autres achèvent d'élargir des brèches dans les réseaux de pièges. À la même heure, le 15ᵉ RCT débarque à Alpha-yellow, dans la portion sud de l'anse de Pampelonne, au pied du cap de Camarat. Il réduit toutes les défenses de la plage en 40 minutes. À 8 h 50 s'élèvent d'un bout à l'autre du tronçon de la 3ᵉ division les fumigènes mauves qui rendent compte du nettoyage complet des défenses. Les officiers de liaison autorisent à 9 heures le débarquement du 30ᵉ TCT servant de réserve divisionnaire. Pendant ce temps, la 45ᵉ division aborde les plages Delta dans des conditions tactiques et techniques aussi satisfaisantes, entre le Val d'Esquières et la pointe des Sardinaux. Cette grande unité commence sa progression vers l'intérieur des terres. Tous poussent un immense soupir de soulagement.

La médaille d'honneur du Congrès

Au cap Cavalaire, au matin du 15 août, le sergent James P. Connor marchait en tête de la section d'éclaireurs de pointe d'une section d'infanterie, face à un feu nourri venant de positions fortifiées, tandis que sa compagnie progressait en couverture. Appartenant au 7ᵉ régiment d'infanterie de la 3ᵉ division, ayant l'ordre de s'emparer de la plage rouge, « red beach », Connor connaissait les enjeux de sa mission. Son unité eut pour objectif particulier de réduire les retranchements d'observation aménagés sur un éperon rocheux et capables de prendre la plage dans l'enfilade du champ de tir préalablement étalonné par l'ennemi. Le sergent fut sérieusement commotionné par une blessure au cou, due à l'explosion du même piège qui tua le sous-lieutenant chef de section. Connor refusa l'aide de l'infirmier et prit la fonction de grenadier-voltigeur de pointe de la section, qu'il fit progresser d'une centaine de mètres dans un champ de mines, sous le marmitage intensif de mortiers, de canons de 20 mm de FLAK, de mitrailleuses et de tireurs d'élite. Tout en progressant sous le feu, Connor tua deux tireurs. Le sous-officier adjoint qui avait pris le commandement par intérim de la section après la mort du sous-lieutenant fut tué à son tour, obligeant le jeune sergent à rassembler les survivants. Il reçut une deuxième blessure qui lui lacéra l'épaule et le bras, mais s'obstina à refuser une évacuation sanitaire, continuant à assurer son commandement jusqu'à ce que l'épuisement physique le rende inapte. Sentant vaciller la détermination de ce qui restait des hommes de la section, il galvanisa leur énergie malgré la densité du feu des mortiers. Tandis qu'il commandait la troupe en vociférant au travers des détonations, à l'assaut de ruines garnies de tireurs embusqués, il reçut une troisième blessure dans les jambes. Incapable de se mouvoir, il continua de commander à la voix. Après la prise de « red beach », il ne restait plus que douze hommes valides sur les trente-six du TED. La section comptait à son tableau sept ennemis tués, quarante autres capturés, le butin d'un matériel important, dont trois mitrailleuses. Le sergent reçut la médaille d'honneur du Congrès le 15 mars 1945. Cette décoration, la plus rare et prestigieuse des États-Unis, fut décernée 3 427 fois entre 1861 et 1997, dont 440 entre 1941 et 1945 (parmi lesquelles 250 à titre posthume).

Une difficile approche qui patauge entre les mines

La situation est beaucoup plus délicate à la 36e division. Dès qu'elle arrive à portée de tir, la flottille du 142e Regimental combat team essuie un feu nourri de l'artillerie côtière avant d'accoster sur la plage Camel-red. L'artillerie navale et les 350 tonnes de bombes aériennes n'ont pas réussi à venir à bout des fortifications où sont embossées les pièces côtières de la Kriegsmarine. Au milieu des gerbes d'eau de plusieurs mètres de hauteur, les dragueurs de mines tentent de s'approcher de la côte, mais deux essais pour ouvrir des chenaux restent infructueux. En fin de matinée, lassés et sévèrement étrillés, les Alliés renoncent à s'approcher du rivage. Dans le courant de l'après-midi, le 142e RCT est varianté vers la petite plage de Dramont, où l'étroitesse du site retarde la mise à terre, pourtant sans noter d'incident sérieux. Une certaine pagaille s'ensuit de cette manœuvre sous le feu. En particulier, les éléments d'assaut perdent le contact radio avec le commandement. Le CC1, le Combat Command du général Sudre, détaché par la 1re DB française, qui devait suivre le 142e RCT dans son sillage à Saint-Raphaël, est lui aussi dérouté vers La Nartelle, un site à peu près acceptable pour les blindés, au nord de la pointe des Sardinaux, près de Sainte-Maxime. S'il arrive que des chenilles dérapent sur les pentes peu régulières, aucune ne défonce gravement le tillac au fond des barges, comme cela avait été à déplorer pendant Overlord. En effet, le 6 juin, quelques engins chenillés avaient carrément défoncé la coque des barges, provoquant des voies d'eau et des avaries, immobilisant les nefs sous le feu ennemi.

L'état-major allié ressent une certaine inquiétude devant la rançon du succès. Le dispositif se distend, les lignes logistiques s'allongent. Tandis que les éclaireurs de pointe de l'infanterie progressent dans les sous-bois des Maures et de l'Esterel, dont l'aspect est moins désertique à cette époque qu'à la nôtre, sujette aux incendies forestiers, les unités de réserve générale et le matériel lourd sont ralentis par l'étroitesse des passages ouverts par le génie au travers des obstacles sous-marins et des champs de mines. Les majors de plage, responsables de secteur, prennent l'initiative de retenir les sapeurs du génie prévus pour rejoindre la tête de la percée, afin de leur faire nettoyer les plages. En effet, ces sapeurs répartis en sections se sont regroupés comme prévu en unité élémentaire après la conquête des plages afin de les nettoyer sommairement, avant de reprendre la progression. Il n'était pas du tout prévu que les majors de plage les retinssent plus longtemps. Ceux-ci décident aussi de prélever des détachements sur les unités d'infanterie de la seconde vague pour qu'ils assistent les sapeurs comme manutentionnaires. Le général approuve ces décisions en dépit des récriminations de la première vague, parce que certains sites, comme à Alpha-rouge, sont minés sur une largeur atteignant parfois 500 mètres, tandis que les routes pénétrantes ne sont pratiquement pas piégées ; les routes de rocade non plus. Cette anomalie trouve une explication dans la routine de la garnison allemande qui a dû emprunter ces routes au quotidien. Les sentinelles n'étant pas placées en alerte maximum avant le débarquement, elles n'ont pas eu le temps matériel d'amorcer les pièges.

Un succès troublant et un dangereux embouteillage

En fin de journée du 15 août, le 6e corps d'armée américain tient deux têtes de pont vastes et sûres de part et d'autre de la vallée de l'Argens. La plus importante, au sud de l'Argens, englobe le cap Nègre, La Môle, Cogolin, Grimaud, Plan-de-la-Tour, les hauteurs de Roquebrune-sur-Argens et celles à l'ouest de Saint-Aygulf. Ce secteur est pris en compte par les 3e et 45e divisions, dont les hommes creusent leurs trous de combat dans la terre agricole des plaines et bâtissent des murets de pierre sèche en montagne. Ils retrouvent ainsi les gestes de leurs frères d'armes français, à l'époque de la guerre du Rif. Le 6e corps d'armée tient une autre zone moins étendue, au nord d'Argens, en lisière de l'Esterel dans une profondeur de 4 à 8 km à l'intérieur des terres, à proximité de Saint-Raphaël et de Fréjus, au nord d'Anthéor-Cap-Roux. Cette poche tenue par la 36e division est insuffisante pour déployer convenablement des renforts. En revanche, la présence du CC1, puissante unité blindée, laisse augurer une percée possible le lendemain. Le seul risque couru par ces chars réside dans une concentration trop dense sur un espace trop petit, vulnérable à une attaque de la Luftwaffe, mais celle-ci est absente du ciel. Sur le flanc gauche, à l'ouest, la liaison est établie avec les Français des commandos d'Afrique. Sur le front nord, elle est prise par des patrouilles qui rencontrent à 23 heures au sud du Muy les hommes placés en vedette par la division aéroportée. Elle tient la vallée du Muy, mais les Allemands occupent toujours les hauteurs de part et d'autre du thalweg. La situation au lever du jour risque de se détériorer si les tireurs embusqués harcèlent les parachutistes. Sur le flanc droit, à l'est, il faut attendre le 16 dans l'après-midi pour établir un contact avec les Français survivants du groupe naval d'assaut, épuisés après une nuit de marche aux aguets en zone d'insécurité. Au total, les pertes s'avèrent beaucoup plus légères que celles des prévisions, soit moins de 500 tués et blessés, ces derniers étant déjà en cours d'évacuation par bateaux, prioritaires par rapport aux prisonniers convoyés vers l'arrière. Mark R. Henry estime à 200 les pertes américaines, ce qui logiquement porte à 300 celles des Français.

Le 6e CAUS exploite la percée à partir des têtes de plage les 16 et 17 août en direction d'Avignon et de Grenoble. Les travaux de son état-major, organisme qui travaille 24 heures sur 24, divisent la manœuvre en quatre temps pour exploiter la percée.

Dans une première phase au cours de la nuit du 15 au 16, l'analyse des résultats obtenus dès les premières heures du débarquement incite le général Truscott à déclencher sans attendre la planification de l'exploitation. À première vue, cela peut paraître d'une banalité technocratique sans intérêt, mais à y regarder de plus près, cela signifie que les rédacteurs d'état-major passent une nuit blanche. Il faut tout prévoir, sachant que toute erreur sera payée au prix du sang. Or, il n'y a rien de plus encombrant que des blessés pour encombrer les itinéraires logistiques.

Dans une seconde phase, la 36e DI manœuvre par les hauts de l'Esterel et balaie les retranchements de Saint-Raphaël et de Fréjus, puis prend à son tour contact avec la division aéroportée. Peu de temps après, elle fait aussi sa jonction avec la 45e DI, dans la vallée de l'Argens, à l'ouest de Fréjus. De la sorte, les deux têtes de pont se trouvent réunies, dont les tenailles permettent de capturer les derniers îlots qui se battent encore. À l'exception de quelques points, la ligne bleue est atteinte et parfois dépassée. Draguignan est aux mains des parachutistes. Il n'y a pas trop de quoi crier victoire en dépassant la ligne bleue, parce que tout dépassement des prévisions provoque des perturbations dans les approvisionnements et rallonge les itinéraires de liaison. Même si les questions concernant la population civile ne touchent pas trop les Américains, cela peut éventuellement se traduire par un ajustement des lignes, donc l'abandon de villages qui se croyaient délivrés. Ce comportement est de nature à déplaire aux occupants s'ils reviennent sur leurs pas.

Dans une troisième phase, le 6e corps atteint les lisières ouest du massif des Maures le 17 août, en vue de l'agglomération de Pierrefeu-du-Var. Le CC1 détaché de la 1re DB française traverse Le Luc et s'embosse en vue de Brignoles. Les blindés ont parfaitement rempli leur mission de bousculer un ennemi en retraite sans lui laisser le temps de se ressaisir, au risque de prêter un flanc vulnérable à une contre-attaque capable de détruire les véhicules de ravitaillement en carburant et en munitions. Heureusement, la nature géologique d'un site rocheux et accidenté dissuade l'ennemi de lancer des raids en profondeur. Il lui faudrait pour cela disposer d'unités de très haute valeur, détachées par la division Brandenburg, appartenant aux services secrets de l'armée régulière. Or, cette division est entièrement absorbée par le front de l'Est.

Au soir de cette troisième journée de combat, tandis que l'armée B est prête à débarquer et à se diriger vers les deux villes fortifiées de Toulon et de Marseille, le général Patch remodèle son dispositif. L'articulation de ses moyens était jusque-là choisie en fonction de l'assaut frontal des plages, suivi de la poussée vers la ligne bleue destinée à « donner de l'air » aux plages. Il veut désormais foncer vers Grenoble et Avignon. Les pertes totales des trois premières journées s'élèvent à 1 200 tués et 1 900 blessés. L'armée allemande a perdu un nombre indéterminé d'hommes mais les Alliés ont capturé 8 000 prisonniers. La quatrième phase voit un début d'organisation. Les ordres parviennent en deux éléments distincts mais complémentaires qui visent respectivement les 36e et 45e DI.

En vue de prendre Grenoble, la 36e DI, précédée d'un groupement motorisé et blindé, devra faire mouvement vers Digne-les-Bains. Les éléments de flanc-garde de la 7e armée aménagent des fortifications légères de campagne au fur et à mesure de leur progression, laissant sur place des groupes d'observation ayant pour mission de rendre compte des mouvements de l'ennemi, éventuellement de le retarder provisoirement, face à Fayence et Cannes. Ils sont peu à peu relevés par la division aéroportée, inapte à l'exploitation de la percée, dont les personnels sont éprouvés par trois jours pratiquement sans sommeil, mais capables de tenir ces postes peu exposés. Toutefois, les gradés restent vigilants et ne pardonnent aucune somnolence au poste de veille.

En vue de prendre Avignon, la 45e DI doit franchir la Durance à Manosque, Pont-Mirabeau et Peyrolles-en-Provence, tandis que la 3e DI doit masquer Toulon en attendant l'arrivée de l'armée d'Afrique. Tandis que les Américains estiment avoir fourni assez d'effort pour considérer leur mission comme accomplie et faire une pause avant de reprendre méthodiquement la progression, nos troupes piaffent d'impatience de donner toute leur mesure.

VI

L'armée B, future 1re armée française

Tant attendu par nos revanchards de l'armée d'Afrique, impatients d'en découdre sur le sol de la métropole, l'ordre de débarquement parvient enfin au général de Lattre de Tassigny le 16 août à 17 heures. À 19 heures, le premier convoi de péniches met en panne dans les baies de Saint-Tropez et de Cavalaire-sur-Mer. Avant de décrire leur action, quelques mots sont nécessaires pour comprendre l'organisation et l'articulation tactique de ces troupes.

Organisation de l'armée B

Les accords d'Anfa, un douar à 5 km de Casablanca, ont été signés entre le président Roosevelt et le général Giraud en janvier 1943. Les deux protagonistes sont hostiles aux manœuvres de Churchill et de ses agents, les Français libres, comme à l'ensemble des gouvernements d'Europe centrale en exil que l'Intelligence Service finance au plus grand dam de l'OSS. Roosevelt sait parfaitement que Londres ne peut envoyer au combat que quelques milliers de *Free Frenches*, tandis que Giraud dispose d'un outil de combat redoutable, reforgé par Weygand trois ans auparavant, animé d'une foi inextinguible dans la revanche, maintenu sous pression par un entraînement dans des conditions aussi proches que possible du combat réel, prêt à monter en puissance dès la proclamation de la conscription des colons français et l'appel au volontariat des sujets d'empire. Auréolés de prestige parmi les chefs coutumiers – bachagas et cadis –, les généraux et administrateurs français savent qu'ils peuvent recruter des tirailleurs dans les douars et communes mixtes. Roosevelt s'engage à fournir le matériel, et Giraud le personnel de onze divisions dont trois blindées. Dans un premier temps, l'armée d'Afrique conserve son matériel désuet, exhumé des caches où il a été dissimulé aux yeux des commissions d'armistice germano-italiennes. Nos troupes montent en ligne face à l'Afrikakorps de Rommel sur la dorsale tunisienne avec des équipements démodés et insuffisants, par un froid intense. Tandis que les troupes américaines bien mieux dotées se font bousculer à Pont-du-Fahs, laissant des cohues de prisonniers hébétés en pâture aux photographes goguenards de Goebbels, nos Africains tiennent bon malgré leurs impedimenta de misère, rétablissent le front enfoncé et contre-attaquent. La débrouillardise du colon et la rusticité de l'indigène ont raison des préventions américaines. La Maison-Blanche comprend enfin de quelle nature étaient nos troupes les plus pugnaces lors de la défaite de 1940.

Le corps de bataille est réduit de onze à huit divisions, soit cinq d'infanterie et trois blindées. Contrairement aux coutumes françaises, la logistique américaine nécessite des effectifs importants. D'un commun accord, le haut commandement allié et le comité français de Libération décident d'affecter à des chaînes de soutien, de services et de maintenance, ceux des effectifs prévus pour les trois divisions qui ne verront pas le jour. Seule la valeur individuelle des personnels distingue la mentalité américaine des pratiques françaises, à savoir que la ventilation des recrues dans les spécialités obéit à des critères très différents. Par exemple, l'armée américaine affecte les meilleurs sujets, les mieux instruits, dans les échelons de la logistique. Ces hommes effectuent des classes rapides, puis ne touchent plus jamais un fusil, sauf stocké en caisse. Plus la fonction d'un homme le rapproche du front, moins sa perte éventuelle attriste le pragmatisme huguenot. Les moins bons éléments de la société américaine servent dans ce que nous appelons les armes de mêlée et les troupes d'élite.

Par exemple, en Normandie, la rumeur publique prétend que les parachutistes et les rangers ont épargné au budget fédéral bien des dépenses carcérales et que les pertes furent les bienvenues pour vider Sing-Sing et Alcatraz. Au contraire, la mentalité française d'essence chevaleresque recommande l'exploit individuel, incompréhensible dans une civilisation technicienne nord-américaine. L'armée d'Afrique et les troupes coloniales cultivent d'autres mythes. Lorsqu'un soldat est officiellement annoncé « mort pour la France », la gouaille populaire de Bab el-Oued le déclare « victime des affiches en couleurs... » avec un rien d'admiration. Les images dans le style d'Épinal font encore recette à cette époque. Plusieurs grandes planches illustrées représentent des nuées de personnages de bandes dessinées vrombissant autour des caisses de matériels livrées par l'US Ordnance, en cours de montage comme un grand jeu de Meccano, avec toutes les ficelles du comique troupier. Nos caporaux fourriers changent de siècle et deviennent des gestionnaires. Les querelles politiques anglo-américaines et des poulains respectifs des deux partis transparaissent dans la trame de cette apparente concorde. Malgré l'installation du gouvernement provisoire en Alger, la 2e DB est expédiée en Angleterre comme nous le savons, puisque son objectif politique répond au serment de Koufra, en dépit des changements d'affectation : restant aux ordres de la 3e US Army de Patton, elle sera affectée au 20e CA jusqu'au 8 août, au 15e CA du 8 au 16 août, au 5e CA du 16 août jusqu'à Paris.

Composition de l'armée B

Composées à partir des régiments réguliers de l'armée d'Afrique réorganisée en grandes unités d'après le schéma américain, trois divisions blindées et cinq divisions d'infanterie voient le jour. C'est ainsi que disparaissent définitivement les anciennes appellations territoriales des divisions d'Alger, de Constantine et d'Oran. En souvenir, par tradition, les couleurs distinctives des insignes conservent le blanc, le rouge et le jaune.

Tout en recevant leurs chars en pièces détachées, les hommes doivent apprendre à se connaître et à faire preuve du sens de l'adaptation. À la 1re division blindée (1re DB) commandée par le général Touzet du Vigier, et à la 5e DB, commandée par le général de Vernejoul, les problèmes sont aisément surmontés. Tous ne pensent qu'à la revanche. Il semble que la situation soit plus tendue à la 2e DB où se posent des problèmes de personnes. Son chef, Leclerc, fait sentir son dédain cassant à l'égard des Africains qu'il traite de transfuges pétainistes. À l'exemple de leur chef, quelques vétérans qui ont servi dans les brigades internationales, puis à Koufra et Bir Hakeim, provoquent des frictions. Paradoxalement, ils tentent de faire déserter des Africains pour compléter leurs effectifs squelettiques en les alléchant avec des promesses de soldes et de galons. Ceux des Africains qui sont mutés d'office à la 2e DB évitent de se poser des questions, mais ignorent encore qu'ils ne débarqueront pas en Provence avec leurs camarades. Les généraux africains reprocheront toujours à Leclerc de s'être servi en armement et matériel dans le potentiel que les Américains leur avaient alloué. En contrepartie, il faut bien reconnaître que l'avancement donné à des personnels capables a évité à certains de voir leurs compétences affectées à des emplois subalternes. Tel est sans doute le cas, parmi tant d'autres, du lieutenant Surin, natif de Bouira, colon pied-noir, fils d'un grand mutilé de Verdun, entré le premier dans Berchtesgaden. Cet officier aurait sans doute pu être promu sergent dans une autre division.

Dans l'infanterie de l'armée B, les clivages ethniques donnent à chacune des divisions une identité très prononcée.

La 1re division de marche d'infanterie, 1re DMI, commandée par le général Diego Brosset, adopte cette dénomination officielle, mais conserve toutefois son appellation d'origine de 1re division française libre dans la dialectique gaullienne comme sur son monument commémoratif près du pont Bir-Hakeim à Paris. Les débats sémantiques reflètent les enjeux. Il est inacceptable pour les vieilles unités d'Afrique, aux drapeaux couverts des noms de victoires du second Empire et de la Grande Guerre, de voir les nouveaux venus se qualifier de « libres », ce qui implicitement met en doute le statut des autres. Au contraire, l'appellation dite « de marche » trouve un compromis. Les règlements de discipline générale de l'armée française donnent le titre d'unité de marche à celle qui rejoint le front et dont les composantes expédiées par le bataillon de dépôt doivent être ventilées en renfort dans leurs unités régulières d'appartenance dès l'arrivée au front. Une unité de marche n'a pas lieu de combattre, sauf dans des circonstances exceptionnelles, ni d'exister légalement aux yeux du TED. En 1918, certaines d'entre elles s'étant couvertes de gloire au gré des circonstances ont été légalisées par un vote de la Chambre. C'est le cas du régiment de marche de la Légion étrangère, le RMLE. Il devient le 3e régiment étranger d'infanterie, que le troupier continue d'appeler familièrement le « reumeuleu ». En d'autres termes, les Africains attendent que la DFL fasse ses preuves autrement que sous la forme d'une fantasia, fût-ce à Bir Hakeim. Dans les popotes d'officiers, elle est surnommée « prélude et fugue », blague cruelle qui résume le repli hâtif de cette troupe face à l'Afrikakorps, mis en musique par la propagande pour faire croire à une victoire. Les tensions sont encore vives après l'affaire de Syrie, là où l'armée française est réellement entrée dans la guerre, où la Légion a tiré sur la Légion, la 13e DBLE contre le 6e REI

La 2e division d'infanterie marocaine, 2e DIM, commandée par le général Dody, jusqu'au 15 septembre 1944, porte ce titre pour satisfaire l'orgueil de ses soldats musulmans et de la dynastie alaouite sous protectorat. En réalité, nombre de gradés français sont des colons d'Algérie sachant converser dans un arabe dialectal très proche de celui de leurs soldats.

La 3e division d'infanterie algérienne, 3e DIA, commandée par le général de Monsabert jusqu'au 31 août 1944, possède toutes les qualités de la vieille armée d'Afrique. Recrutée principalement dans le département de l'Algérois, elle reflète la politique de francisation menée par les administrateurs dès le début de la conquête. Parmi les Berbères, beaucoup ont fréquenté l'école et parlent français, ce qui n'est pas toujours le cas des natifs des zones rurales profondes dans les départements de l'Oranais et du Constantinois. Parmi les colons, beaucoup parlent le français du solide certificat d'études de l'époque, mais emploient spontanément l'arabe et les patois de l'ancienne France. Ceux qui descendent des ouvriers des ateliers nationaux de 1848 ont hérité de l'accent des faubourgs. Dans les villages de colons installés sous le second Empire, les habitants parlent le provençal ou d'autres langues d'oc qui rappellent les origines des déportés politiques après le coup d'État. Dans les villages fondés en 1872, le départ des conscrits est salué par les civils revêtus des costumes alsaciens et lorrains. Sur les registres d'effectifs apparaissent les noms des villages d'origine, parmi lesquels Bourbaki, Canrobert, Castiglione, Chasseloup-Laubat, Chanzy, Gambetta, Inkermann, Lamoricière, Lecourbe, Mac-Mahon, Martimprey, Masséna, Palestro, Palikao, Perregaux, Prévost-Paradol, Randon, Sonis, Taine, Thiers, Victor Duruy.

La 4e division marocaine de montagne, la 4e DMM, la fameuse « deumeumeu », commandée par le général Sevez, comporte elle aussi beaucoup de Français d'Algérie. En l'absence de troupes alpines métropolitaines, en prévision de la percée par les Alpes-de-Haute-Provence, le général Giraud a suivi le conseil de son entourage très influencé par les enseignements de Lyautey. Les tribus montagnardes de l'Atlas fournissent des sujets d'une exceptionnelle robustesse. Les leçons de la guerre du Rif sont présentes dans toutes les mémoires. Bournazel n'est pas mort depuis si longtemps, en 1934. Aujourd'hui bien oublié, Henri de Lespinasse de Bournazel, surnommé « l'homme rouge », revêtu de sa tunique de capitaine de spahis, fut un héros de légende qui a marqué l'épopée marocaine. Toute la jeunesse de cette époque avait lu le livre d'Henri Bordeaux, de l'Académie française, narrant les aventures de ce soldat de l'empire. Sa baraka ne l'a quitté que le jour où il a endossé une anonyme djellaba brune lors de l'assaut du djebel Sagho. À la « deumeumeu », il s'agit seulement de donner l'allure d'une unité régulière à des ethnies fondamentalement ancrées dans une mentalité de partisans irréguliers, chez lesquels l'art de la guerre est un héritage ancestral. Leur vivacité d'esprit leur permet de se familiariser rapidement avec des engins de combat de haute technicité, en créant un vocabulaire savoureux et imagé, adapté aux langages vernaculaires, qui figure rarement dans les rapports et encore moins dans les notices techniques.

La 9e division d'infanterie coloniale, 9e DIC, commandée par le général Magnan, présente un aperçu des peuples de l'empire. En 1931, lors de l'exposition au bois de Vincennes, le public parisien avait pu découvrir les facettes exotiques des immenses possessions françaises. En 1939, la propagande et le bourrage de crâne avaient parlé de la « force noire ». Avec la 9e DIC, c'est une palette de toutes les tribus d'AEF et d'AOF qui vient compléter ses effectifs avec des colons d'Algérie.

Il faut ajouter un grand nombre d'unités non endivisionnées, destinées aux structures d'armées et de corps d'armée :
– 16 groupes d'artillerie, dont 13 lourds ;
– 6 régiments de tanks destroyers (TD) chasseurs de chars ;
– 2 régiments blindés de reconnaissance ;
– 4 régiments du génie ;
– 3 régiments de pionniers ;
– 12 groupes d'artillerie antiaérienne ;
– 14 groupes de transport automobile et 1 escadron de circulation routière par division ;
– les transmissions, l'intendance, la santé, le matériel, les essences.

D'autres unités non endivisionnées illustrent l'esprit militaire français, très attaché aux petites unités d'élite, aux troupes légères conçues sous Louis XV, sachant vivre et combattre sans la logistique lourde américaine et capable d'accueillir des volontaires avec lesquels les régiments d'Afrique ne veulent pas se commettre. Il existe aussi des unités aux traditions spécifiques datant de la pacification du Maroc et qui ne tiennent pas à entrer dans les troupes régulières, voire celles qui ont été camouflées aux yeux des commissions d'armistice par les officiers des Affaires indigènes et qui restent sous la cotutelle de l'administration chérifienne.

– Trois groupes de tabors marocains, GTM, de la valeur d'un régiment pour chacun d'entre eux, commandés par le général Guillaume.

– Le groupe des commandos d'Afrique, sous les ordres du lieutenant-colonel Bouvet, recrute de jeunes Algérois des faubourgs que la bonne société des quartiers du centre juge infréquentables.

– Le bataillon de choc. Y servent les plus bagarreurs des jeunes officiers sortis de l'école de Cherchell. Dans la troupe se sont glissés des soldats qui vont s'avérer brillants au feu, mais que les adjudants de caserne sont ravis de voir partir.

– 10 compagnies muletières rassemblent des colons du bled accoutumés à la traction animale, à une époque où les tracteurs n'ont pas encore donné un visage mécanisé à l'agriculture. Une fausse légende prétend qu'un tringlot (en argot, un conducteur du train) du train muletier est aussi stupide que ses bêtes. Il est de bon ton chez les officiers subalternes de muter aux muletiers le plus jeune des sous-lieutenants, parce que personne ne veut de ce commandement. En mémoire des appellations régimentaires d'Ancien Régime, avec un soupçon de dérision, le train muletier est appelé « royal brêle ». En arabe, les équidés à longues oreilles se traduisent par « brêle ». Il faut rendre justice à ces soldats et à ces animaux maltraités. Le maréchal Bugeaud lui-même répétait à l'envi : « Sans le train des équipages et les mulets, il eût été impossible de conquérir l'Algérie. (...) Là où passait un mulet avec du vin et des biscuits, j'étais certain de faire passer l'armée d'Afrique. » Par une décision du général Weygand, contresignée par le maréchal Pétain, le service du train des équipages fut élevé au titre d'arme du train.

Au total, l'armée B rassemble 250 000 hommes d'une valeur exceptionnelle, d'une motivation inextinguible, amalgame unique de volontaires et de conscrits venus de tous les horizons de l'empire français, mais surtout d'Afrique du Nord.

L'armée B en gestation depuis la conquête de l'île d'Elbe

La Corse a été délivrée en septembre 1943. La liesse populaire, sur place comme en Afrique du Nord, dissimule les tensions très vives parmi les chefs français. Giraud a donné ses ordres sous couvert du secret militaire que seuls connaissent les Américains. La hiérarchie de ses Africains a respecté le silence. Le CFLN sous contrôle britannique n'a appris l'événement que par la presse, comme tout le monde. Cet organisme en conçoit une rancœur qui ne fait que s'ajouter aux avanies qu'il subit depuis le dépôt de gerbe au monument aux morts d'Alger et ne parvient que lentement à rétablir l'opinion en sa faveur. Il prend le soin d'introduire la 1re DFL dans le corps expéditionnaire français du général Juin, composé de la 2e DIM, la 3e DIA, la 4e DMM et le groupe de tabors marocains, qui se bat en Italie depuis le premier semestre 1944. Sur les quatre GTM, 1 se trouve au repos en Corse et 3 en ligne en Italie. L'un d'eux, le 4e, doit retourner au Maroc. Pendant ce temps, en Afrique du Nord, le général de Lattre de Tassigny bénéficie d'une promotion politique destinée à trouver un compromis entre le chef du gouvernement provisoire, les partisans de Giraud et les nostalgiques de Weygand.

Le chef de l'armée B prend le commandement des unités de réserve générale en cours d'instruction et des trois divisions blindées en cours d'équipement. Commandement purement formel, il se réduit à des navettes entre les cabinets ministériels, les organismes supérieurs alliés et les inspections retentissantes dans un style dont le général de Lattre de Tassigny a le chic. Les Africains, qui aiment le décorum et les fantasias, apprécient ces grands spectacles, les outrances verbales de leur chef et la mise en scène qui accompagne ces inspections. Toutefois, les vieux gradés de métier s'en lassent vite et attendent impatiemment le début des opérations. Le 18 avril, par un coup de théâtre qui ne surprend que les Américains, le chef de la future armée B se voit investi du commandement de toutes les troupes stationnées en Corse. La 9e DIC, le 2e groupe de tabors marocains, le bataillon de choc et le groupe de commandos d'Afrique reçoivent à leur tour les visites hautes en couleur de leur nouveau chef. Il franchit un pas de plus vers le commandement suprême de la future armée B. Encore faut-il évincer le général Alphonse Juin. Ce n'est qu'une question de délais. Il faut pour cela un coup d'éclat en direction du théâtre d'opérations italien.

À nouveau, l'ombre de Napoléon Ier s'étend sur la Méditerranée occidentale. Opération purement symbolique, la conquête de l'ancienne principauté de l'empereur déchu est annoncée comme d'intérêt stratégique, en raison de la gêne qu'elle impose au trafic maritime allemand. Elle présente l'avantage de donner une fructueuse expérience dont les enseignements serviront à l'opération projetée en Provence. Pour faire bonne mesure, il est prévu de créer une médaille commémorative du corps expéditionnaire, inspirée de celle frappée sous Napoléon III. Les unités ayant participé à l'opération de l'île d'Elbe les 17, 18 et 19 juin sous le nom de code d'opération « Brassard », commandées par le général Magnan, sont :

– deux groupements tactiques sur le modèle du Regimental combat team ;

– le bataillon de choc ;

– le groupe de commandos d'Afrique ;

– le 2e GTM du colonel Latour ;

– le 101e régiment du génie.

Les missions de l'armée B

Garbo Force, l'armée B, a récupéré les grandes unités du corps expéditionnaire en Italie. Le haut commandement allié donne ses ordres le 13 juillet 1944, dans le cadre de l'opération Anvil, pour que le général de Lattre de Tassigny articule par phases successives ses moyens à faire débarquer :

– Un détachement du QG de l'armée B doit à la fois exercer ses prérogatives de commandement et préparer l'arrivée de ses renforts pour que l'armée dispose de sa tête pensante au complet. Tous les états-majors des grandes armées savent que le travail intellectuel de décision canalise l'effort et limite les pertes. Un détachement léger est là plus pour susciter l'adhésion des troupes fraîchement débarquées et réduire la pagaille que pour commander.

– Le QG complet du 2e corps d'armée, sous le commandement du général de corps d'armée de Larminat, doit aider le QG d'armée et servir de passerelle aux ordres donnés aux troupes de première ligne. En faisant débarquer un QG complet de corps d'armée, l'armée B montre le style de commandement qui caractérise celui du général de Lattre : c'est tout juste si les généraux ne doivent pas donner leurs ordres en tête du grenadier-voltigeur de pointe en première ligne.

– Trois divisions d'infanterie doivent créer l'espace suffisant pour que se déploient les suivantes : la 1re DMI, la 3e DIA, la 9e DIC.

– La présence de deux groupes de tabors montre les deux facettes du général de Lattre : la prudence méthodique, mais aussi la folle audace et l'insolence. Si les tabors gênent la manœuvre de grand style tactique, s'ils commettent des bavures, voire des exactions, il sera aisé de les retirer en souplesse par les navettes navales. S'ils répondent aux espoirs du commandement, il suffira d'accélérer le débarquement de tous les autres tabors en attente.

– La 1re DB, amputée d'un Combat Command, doit fournir un minimum de blindés sur les têtes de plage, sans provoquer d'embouteillages comme ceux qui viennent d'être provoqués en Normandie par les Américains.

– Les troupes de soutien, indispensables pour maintenir l'effort, sont chargées du transit sur les plages et des approvisionnements aux premières lignes très proches. Un minimum de véhicules légers doit suffire à couvrir les courtes distances, au fur et à mesure qu'arrivent les camions GMC nécessaires à l'allongement des lignes logistiques.

Le jour D + 1, en attente de confirmation de l'horaire exact, doivent débarquer sur les plages entre Cavalaire-sur-Mer et Saint-Tropez, dès leur arrivée dans la zone de transbordement : la 1re DMI au complet, la 3e DIA, amputée d'un Regimental combat team, la 1re DB, amputée de deux Combat Commands.

Une rude tâche attend les unités de circulation routière, en collaboration avec leurs homologues de la Military Police. Il s'agit de faire passer ces quatre divisions et cette nébuleuse de troupes non endivisionnées dans la zone rurale au relief très cloisonné de Lalonde et de Collobrières, déjà occupée par l'aile gauche du 6e corps US, sans perturber les dispositifs de combat. Rien qu'en temps de paix, une manœuvre de ce genre confine à la fantaisie au point que les exécutants s'en arrachent les cheveux. Il suffit d'imaginer quels risques courent les unités en pleine zone d'insécurité. Comment prendre en compte tous les impondérables, au milieu de sentinelles nerveuses, les codes d'identification qui changent chaque jour pour des raisons de camouflage, les signes de reconnaissance difficiles à percevoir ? Que peuvent comprendre les anglophones du 6e corps à l'arabe et aux dialectes berbères parlés par la troupe, au dialecte pataouète des petits gradés, au français de la hiérarchie, voire au provençal que parle encore à cette époque la population ?

Il faut ensuite s'emparer de Toulon. Là, les Américains « ne manquent pas d'air », comme disent familièrement les troupiers. Ils demandent l'impossible aux Français, eux qui ont simplement été capables d'isoler les garnisons dans les poches de l'Atlantique. Heureusement, la décence leur interdit de fixer une date limite à nos soldats pour s'emparer de la ville.

Au jour D + 9, soit le 24 août, il faut avoir débarqué la 9e DIC et deux groupes de tabors dans la zone entre Le Lavandou et Hyères.

Au jour D + 25, soit le 9 septembre, il faut avoir achevé de débarquer le reliquat de la 1re DB.

Après la conquête de Toulon, le 2e corps d'armée français doit réarticuler son dispositif en direction de l'ouest, maintenir le contact sans intervalle avec le 6e corps US. Celui-ci doit couvrir l'aile droite des Français, au nord, pour qu'ils se dirigent vers Marseille. Le 1er corps d'armée reçoit de son côté des consignes encore plus échelonnées dans la chronologie. Commandé par le général d'armée Béthouart, invaincu en Norvège en 1940, expert des troupes de montagne, champion de ski olympique, très estimé par l'adversaire, en particulier par les Alpenjäger et leur créateur, le général Dietl, il reçoit très naturellement sous ses ordres la « deumeumeu », la 4e DIM, mais aussi le QG du 1er CA, la 2e DIM et la 5e DB. Il reste en attente des ordres d'embarquement, mais doit se tenir prêt à pouvoir arriver dans la zone de combat selon une chronologie provisoire :

- la 2e DIM pour le jour D + 20, soit le 5 septembre ;
- la 4e DMM pour le jour D + 30, soit le 15 septembre ;
- la 5e DB pour le jour D + 40, soit le 25 septembre.

Le CC1, rattaché au 6e corps US, passera en réserve d'armée sur l'ordre du général Patch. Ce plan méthodique et prudent ne tient aucun compte de deux paramètres : la personnalité bouillante du général de Lattre de Tassigny et la valeur hors pair de l'armée B, héritière du corps expéditionnaire d'Italie, qualifié de « meilleure armée du monde » par ses chefs américains, en particulier le général Clark.

Le premier choc en Provence

Comme nous l'avons vu plus haut, le CC1, dont la 1re DB a été amputée, a débarqué dès le jour D à la Nartelle, au nord de Sainte-Maxime, en tête de tous les éléments français. Les chars du général Sudre, en s'illustrant à la conquête du Luc, ont permis à la 36e division d'infanterie US d'élargir la tête de pont dans laquelle elle était confinée, puis de déboucher le 17 août sur la ligne bleue. La veille, à 19 heures, par un temps splendide, le convoi français est à l'ancre et les premières unités mettent pied à terre. La 1re DMI s'installe à la plage de Sylvabelle, dans la baie de Cavalaire-sur-Mer. La 3e DIA, le QG avancé et réduit de l'armée B et le CC2 du colonel Kientz s'installent près de la plage de La Foux, au fond de la baie de Saint-Tropez. Le général de Lattre de Tassigny fait aménager son PC au village de Cogolin.

VII

L'armée B enveloppe Toulon

La situation au soir du 18 août

Dans la région de Draguignan, la progression en éventail du 6e corps américain a rompu le dispositif de plus en plus étiré des 148e et 242e divisions allemandes pour trois raisons. La première réside dans une règle géométrique simple, qui veut que le dispositif convexe soit plus ramassé et dense que le dispositif concave qui se replie avec plus ou moins de bonheur. La deuxième concerne les moyens de transport, très puissants et motorisés dans l'offensive, en voie d'attrition et démodés pour les troupes en combat défensif. La troisième découle de la disproportion des forces, là où les Allemands disposent seulement de deux grandes unités pour tenir un front trop étendu. Le commandement allemand rameute en vain trois autres divisions, les 244e, 338e et 189e, postées à Montpellier, dans le delta du Rhône et à Marseille, découvrant dangereusement la Festung, mais en calculant les risques.

La 45e DIUS progresse en direction de Pont-Mirabeau, vers le nord-est, à l'aval du confluent de la Durance et du Verdon. Simultanément, la Task Force Butler, un groupement blindé provisoire conduit par le général Butler, fonce plein nord afin d'occuper l'intervalle entre les 45e et 36e divisions. Cette dernière attend sa relève par la division aéroportée. Dans l'immédiat, elle refoule sur Cannes et sur Grasse les unités allemandes qui refluent vers l'est. Le maréchal de Luftwaffe Kesselring, commandant en chef en Italie, soucieux de garder le contrôle de son flanc ouest dans les Alpes, détache des éléments rapides au profit de ces troupes qui retraitent en assez bon ordre pour justifier un effort en leur faveur.

La 3e DIUS rencontre un puissant bouchon devant Brignoles et doit aménager d'urgence des positions enterrées. Ayant fixé l'ennemi, les Américains réclament au CC1 français de déborder Brignoles par le nord, tandis qu'ils tiennent au sud le débouché des Maures, avec La Roquebrussanne, Cuers, le cours inférieur du Gapeau, les lisières orientales de Salins d'Hyères.

L'approche de Toulon

La conception de la manœuvre a été calculée de longue date, mais le risque de voir la Festung se transformer en poche inexpugnable hante l'esprit des Alliés. Ce camp retranché se trouve renforcé par une ceinture de trente forts et de nombreuses casemates dans les intervalles. Sa garnison de 25 000 hommes comprend la 242e division d'infanterie, les artilleurs côtiers de la Kriegsmarine, les ouvriers de l'arsenal et de l'Organisation Todt, des unités et services divers, ces derniers étant sans valeur militaire. Il faut y ajouter la brigade de fusiliers marins, une unité d'élite de la Kriegsmarine, du niveau des meilleures troupes de l'armée de terre. De son côté, le général de Lattre de Tassigny dispose seulement d'une fraction de son premier échelon, soit 16 000 combattants, appuyés par 30 chars et 80 canons. C'est peu, mais la situation très fluide joue en faveur de l'assaillant qui dispose encore de l'initiative. Le général est plongé dans un dramatique cas de conscience, oscillant entre l'audace et la prudence. Sa célèbre devise « Ne pas subir » va l'aider à trancher. Il a confiance dans l'exceptionnelle qualité de ses faibles moyens. Il sait aussi que, comme Joffre sous Paris en 1914, s'il gagne, d'autres lui arracheront quelques lauriers, mais s'il perd, il sera seul à en porter la responsabilité. Aussi, encouragé par son entourage, décide-t-il d'attaquer sans tergiverser davantage. Avant l'embarquement à Naples, il a mûri et rédigé un plan de manœuvre, contenant son instruction personnelle et secrète n° 1 :

– fixer l'ennemi sur la face est du camp retranché, à l'extérieur et à distance ;

– le surprendre en débouchant des montagnes nord de la ville, tout en l'enveloppant par l'ouest jusqu'à la mer.

La bonne vieille formule : fixer-déborder-réduire

Cette instruction appelle plusieurs commentaires pour être mieux comprise par qui est peu familier du Kriegspiel, à commencer par ses propres exécutants de base. Fixer l'ennemi permet de l'immobiliser et de lui retirer sa capacité de manœuvre en terrain libre. Il doit se terrer et creuser des tranchées. Il s'use dans ce genre de corvée, tandis que le masque peut se contenter d'un faible rideau de troupe, pratiquement au repos, sauf à surveiller des patrouilles un peu trop insolentes et agressives, qu'il s'agit de contrer par d'autres patrouilles composées de jeunes gens intrépides. Fixer l'ennemi à distance consiste à calculer la portée des pièces lourdes qu'il est impossible de déplacer et dont le gisement donne la mesure exacte du no man's land. Le débordement par le nord n'est possible qu'aux deux conditions expresses de faire vite avant que les mesures de sécurité soient formalisées par la garnison sur la face ouest, et que les Français soient de bons coureurs de djebel.

Dans la répartition primitive des missions, la 1re DMI doit marcher vers Toulon par deux pénétrantes, au nord par le Mont-Redon, La Crau et La Garde ; au sud par la RN 98 d'Hyères et la route du littoral. Elle doit dans sa foulée rompre deux lignes successives de fortification, celle des vieux forts du système Séré de Rivières (des années 1880) rajeunis par la Marine nationale sous le programme de Maginot (de la Chambre « bleu horizon »), celle des nouvelles casemates bétonnées de l'Organisation Todt. La mission est maintenue, mais dans des délais plus courts, à partir du 20 août. Renforcée grâce au groupe de commandos d'Afrique qui doit s'emparer du fort du Coudon, la 1re DMI doit relever les Américains ayant atteint le Gapeau et le Réal Martin. La phase suivante prévoit le débordement, l'isolement et la réduction de Hyères.

La 3e DIA, aux effectifs et aux moyens incomplets, est chargée du débordement par le nord. C'est le meilleur choix du chef de l'armée B. Nos Algériens, dont beaucoup sont d'origine rurale, se sentent à l'aise dans le relief et la végétation de Provence, qui leur rappelle le plaisir des parties de chasse. Les colons ne sont pas moins agiles que les musulmans, vivant en symbiose depuis un siècle. Ils franchissent les obstacles plus allégrement qu'un pesant Landser Feldgrau, anciennement paysan des landes de Lüneburg ou un mineur de fond de la Ruhr.

La 1re DB, réduite au CC2 du colonel Kientz et au 2e régiment de spahis algériens, une unité de reconnaissance et de réserve générale, reçoit une mission moins exposée eu égard à ses moyens insuffisants. Elle maintiendra la liaison avec le 6e corps, s'orientera en posture offensive vers Aix-en-Provence et Marseille, se tiendra prête à se ruer en cas de besoin dans la coulée de Solliès en amont du Gapeau, mais surtout consacrera son énergie à couvrir le début de l'action de la 3e DIA, laissée à elle-même lorsqu'elle obliquera vers la gauche en direction de Saint-Mandrier-sur-Mer. Le général commandant la 1re DB doit ensuite reconstituer son dispositif et pousser une reconnaissance dans la région de Carnoules, pour se rendre maître des débouchés de la Sainte-Baume, porte de Saint-Zacharie et de Marseille. Cette mission très mobile tient compte du faible effectif de chars qu'il est facile de faire évoluer en terrain libre sans risque d'embouteillage, sans tenir compte d'embuscade ou de bouchon antichar, dont l'ennemi est matériellement incapable.

Comme la réussite du débarquement initial accélère les rotations des péniches et des mises à terre, la 9e DIC, les tabors et le bataillon de choc sont disponibles 48 heures plus tôt que prévu. La 9e DIC est insérée dans l'intervalle entre la 3e DIA et la 1re DMI sur l'axe de Saint-Raphaël à Toulon, par Solliès-Pont et La Valette-du-Var, sur la

RN 97. La difficulté de la manœuvre où s'imbriquent des unités élémentaires de deux grandes unités, à laquelle s'ajoutent les brouillages et les interférences sur les fréquences de radio, demandant une discipline très stricte de procédure de la part des opérateurs, nécessite de détacher un état-major tactique réduit sous le commandement du général de Larminat, pour coordonner l'action de la 1re DMI et de la 9e DIC. Celle-ci recevra ses unités élémentaires au fur et à mesure de leur acheminement depuis les plages. Le contrôle de la route s'avérant crucial, la 9e DIC reçoit en renfort le CC2 de la 1re DB, réduit le 19 au détachement blindé de Beaufort. Pour donner de l'air au dispositif, il faut une unité apte aux missions spéciales. C'est pourquoi le groupe des commandos d'Afrique est enlevé à la 1re DMI et placé à la disposition de la 9e DIC.

Les rapports rendus par les patrouilles, confirmés par l'enseigne de vaisseau Sanguinetti qui a franchi les lignes allemandes, laissent augurer d'un durcissement des capacités de riposte de l'ennemi, qui se livre fébrilement à des travaux de terrassement et de piégeage. Si l'attaque n'a pas lieu brusquement, le front risque de se figer pour de longs mois autour de la Festung. Après une longue et âpre discussion, le général de Lattre de Tassigny parvient à convaincre le général Patch, commandant la 7e armée, de donner l'assaut très vite. Les plans américains avaient prévu un investissement plus mesuré, comme au temps de la stratégie de grand style du Siècle des lumières. L'autorisation de Patch s'accompagne d'un crédit de munition d'artillerie indispensable et de la remise à la disposition de l'armée B du CC1 du général Sudre. Dès le retour du général de Lattre de Tassigny à son QG, les officiers de liaison se mettent en rapport avec leurs homologues américains de la 36e DI pour ramener le CC1 de la ligne bleue vers Toulon, se placer sous les ordres du général commandant la 3e DIA et entamer la manœuvre de revers sur l'ouest de Toulon. À l'arrivée, comme il est hors de question de risquer les blindés en zone urbaine ni de les placer sous le feu de l'artillerie de position allemande, le CC1 doit prendre une posture offensive face à la direction de Marseille en soignant le camouflage.

Le groupement de De Monsabert, sur lequel repose la phase la plus délicate de l'enveloppement de Toulon par le nord, comprend des moyens hétéroclites, incomplets mais d'une grande valeur :

– le CC1, fortement sollicité depuis le jour D, dont les personnels et les chars ont été mis à rude épreuve, mais qui conserve l'essentiel de son potentiel de combat et toute sa pugnacité ;

– la 3e DIA réduite à deux bataillons du 3e régiment de tirailleurs algériens, un bataillon du 7e régiment de tirailleurs algériens, 60 % du potentiel du 3e régiment de spahis algériens de reconnaissance ;

– les tabors ;

– le bataillon de choc.

La double mission est définitivement arrêtée, celle de déborder Toulon par le nord et assurer la couverture à l'ouest en vue de prendre la ville à revers, celle de préparer l'offensive ultérieure vers Marseille. Le groupement de De Monsabert agit sur deux axes. Celui du nord en direction de Marseille passe par Méounes-du-Var, Signes et Le Camp-du-Castellet ; celui du sud par Pierrefeu-du-Var, Le Grand-Camp, Le Mont-Caumes, en vue du débordement de Toulon.

Un vétéran se souvient des conditions éprouvantes, le 20 août, aux Quatre-Chemins

Pierre Petit, tout jeune sous-officier, maréchal des logis au 7e RCA, assume une lourde charge : il est responsable de la radio de son escadron. Par lui passent les communications hiérarchiques du capitaine. Pierre Petit doit donc connaître toutes les procédures de radio et savoir s'entretenir avec le colonel, mais aussi avec chaque chef de char. Comme tous les Européens dans sa ville natale d'Alger, il parle le pataouète et l'arabe. Il a fait de brillantes études, possède un français classique apprécié par le colonel et ses proches, mais aussi quelques bonnes notions d'anglais. Ancien des Chantiers de jeunesse, il a immédiatement pris du galon aux Chas' d'Af. Dans la grande aventure du débarquement, le moment le plus émouvant dont il se souvient a lieu le 18 août dans Grimaud. Il entre en ville à bord de son engin blindé half-track, ayant pris le soin d'emporter un sac de farine d'Algérie. Symboliquement, ce geste lui tient à cœur. Il se rend chez le boulanger qui n'a pas vu une telle marchandise depuis fort longtemps. C'est ainsi que sont cuits les premiers pains faits en métropole avec des denrées impériales, comme à l'époque de Septime Sévère. Son escadron reprend la route avec du pain frais, puis connaît un incident fort désagréable. Pierre Petit témoigne : « Ce dimanche 20 août à 16 heures, la colonne se trouve en état de détresse physique entre Signe et Le Camp. Tous les équipages souffrent d'une conjonctivite aiguë. Les yeux douloureux pleurent, gonflés comme des tomates. Le commandement est alerté. Rapidement, une équipe sanitaire les rejoint. Elle diagnostique aussitôt l'origine du mal : irritation provoquée par les poussières chargées de bauxite d'aluminium. Allongés sur les talus à la chaîne, lavage des yeux et instillation de collyre. Pourvu que les Allemands n'attaquent pas. En une demi-heure, nous allons bien mieux et poursuivons notre chemin. (...) le lendemain, le cavalier Magnien est tué, premier mort de la campagne de France. Il était originaire de Toulon. »

Le bataillon de choc à l'assaut de La Poudrière de Toulon

L'aspirant Raymond Muelle a vécu la fin de cette redoutable fortification. Bâtie au bord de la route qui mène à Toulon, sous l'infléchissement de la falaise, elle commande trois tunnels. Aucune porte ne pourrait en obturer les voûtes monumentales. Près de la poterne qui donne accès à la cour entourée de casernements, une sentinelle monte calmement sa faction. Soudain, une véritable secousse sismique soulève un volcan de poussière, de fumée et de gravats, projette les hommes à terre, et dont l'onde de choc se fait entendre jusqu'aux bâtiments de haute mer mouillés au large. L'une des soutes de la poudrière vient de sauter. Faisant effet d'une âme de canon, le tunnel a craché une longue flamme de gaz empuantie par toutes sortes de débris calcinés. Aux alentours, les survivants hébétés titubent, en haillons, le masque à gaz noirci et gluant de sueur. Lorsque la poussière retombe, la patrouille de reconnaissance envoyée par le bataillon de choc reste ébahie par la solidité de la forteresse. Les chasseurs savent qu'une rude affaire les attend pour le lendemain.

Au lever du jour, la décision est prise. Les chocs savent que le plus dur sera de prendre les tunnels. Donc, il faut masquer leur ouverture par des tirs, interdire aux tireurs d'élite de s'embusquer sur les crêtes, donner l'assaut. Ce gros morceau revient à Libersa, dont la section est composée de Corses et de gradés anciens légionnaires. La sentinelle de la poterne aux battants ouverts, hors du temps comme si elle était devant la porte de Brandebourg, s'effondre sur le dos, quelques secondes après la détonation du tireur français qui vient de l'abattre. Mais au moment où l'élément d'assaut veut s'élancer, il est pris à partie par une mitrailleuse quadruple et par les tireurs embusqués. Comme un fauve surgissant de sa tanière, un char fonce sur Libersa, mais une salve d'obus le fait se tapir. Aussitôt, l'adjudant Sandiamani fait confectionner un assemblage de plusieurs pains de 100 g de plastic.

S'engouffrant par la poterne, les chocs règlent à la grenade le problème de la mitrailleuse quadruple. L'autre élément d'assaut prend la colline à revers et élimine les tireurs des crêtes. La cour des casernements est nettoyée, tous les véhicules et le matériel entreposés à l'air libre se calcinent, mais le problème reste entier face aux trois tunnels, dont celui où se trouve le char. Quelques hommes reconnaissent les deux premiers tunnels, celui qui a explosé la veille et un autre qui semble abandonné, mais il reste le troisième. Sandiamani s'exclame : « Quatre hommes avec moi ! » Il doit les désigner lui-même, puisque la section au complet s'est portée volontaire. Les chasseurs assez jaloux voient s'éloigner leurs camarades tout excités devant cette mission un peu folle.

Libersa a pris la précaution de demander un appui d'artillerie pour marmiter la cour. Soudain, les chenilles du char grincent, tandis que l'écho du tunnel amplifie le bruit du saurien d'acier, de ses chenilles et de son moteur, menaçant comme une bête préhistorique. Lipka, l'ancien légionnaire, lance sa charge, mais elle s'accroche dans des barbelés. L'explosion le fauche, tandis que la mitrailleuse de bord crache rageusement. Volant jette une grenade Gammon. Ses camarades jettent leur charge sur le fauve blessé et sur l'infanterie d'accompagnement. Fagano, dont les tympans ont souffert des explosions, n'entend pas les conseils de prudence de ses camarades. Il ne voit plus que son vieux copain de toujours, Lipka, affalé sur le glacis. Le chargeant sur ses épaules, il le ramène en haletant. Les hommes de Sandiamani et de Volant viennent de vivre 30 secondes d'enfer. Ils se regardent les uns les autres sans pouvoir vraiment réaliser qu'ils ont affronté un char. « On l'a fait, on l'a osé », répètent-ils, hagards, les yeux exorbités.

Pendant que l'artillerie française pilonne la poudrière, ils interrogent les prisonniers qui confirment la présence d'une garnison de 200 fantassins, artilleurs, matelots et ouvriers d'arsenal. À 17 heures, les positions extérieures sont entièrement nettoyées, mais le tunnel reste inexpugnable. Le commandant d'armes a même demandé à l'artillerie allemande de pilonner sa propre position pour gêner les chocs. À 20 heures, un tank destroyer français vient arroser l'entrée du tunnel avec toutes ses armes de bord. Le carnage à l'intérieur doit être effroyable. Ô surprise, des ordres rauques et aboyés surgissent de cette caverne enfumée.

– Les Allemands attaquent !

– Ils sont fous, ils vont tous y passer, chuchote Libersa.

– C'est sans doute ce qu'ils cherchent, après ce qu'ils viennent de subir dans leur tanière.

Les Allemands, fauchés par les tirs croisés des chocs et du TD, parviennent presque jusqu'au corps à corps, mais finissent par refluer. Pendant ce temps, le génie a fait venir un lance-flammes. Les survivants se rendent enfin, les yeux hallucinés, à demi-nus à cause des explosions, couverts de poussière, de sueur et de sang. Dans le tunnel transformé en charnier, les blessés et les agonisants râlent dans une effroyable puanteur de chair carbonisée.

Il est 21 h 45. Libersa rend compte de la prise de la poudrière. Il y a 250 morts chez les Allemands, 80 prisonniers presque tous blessés, un tiers grièvement. Un officier français s'avance vers un groupe de prisonniers hagards, loqueteux, accroupis. Pourquoi se sont-ils obstinés à défendre un saillant trop exposé ? Pourquoi ce suicide délibéré qui leur a fait préférer la mort à la reddition ? Cet acharnement fanatique n'a de sens que face à l'armée Rouge qui expédie les vaincus dans la mort lente du goulag ! Les prisonniers n'ont pas encore été triés. Aussi, avisant des épaulettes sur une vareuse déchirée et sanglante, Libersa sort de sa torpeur un jeune officier étonné d'avoir survécu. Face à son homologue français, malgré ses blessures, il se dresse au garde-à-vous.

– Pourquoi cette résistance démente ?

– Nous nous sommes défendus. Je suis officier. C'est la guerre. Vous comprenez ? dit-il d'une voix atone.

Le Français n'a senti ni insolence, ni haine dans la réponse. Pour cet Allemand, se battre jusqu'au bout va de soi. Il invite son prisonnier à se rasseoir, hèle l'infirmier et lui recommande les blessés. Spontanément, quelques chasseurs du bataillon de choc sont partis en corvée d'eau, passant devant l'épave du Panzer où stagne une bouillie sanglante, puante et horrible. Les tunnels sont soigneusement explorés dans la nuit. Quelques blessés s'y trouvent encore. Dans celui qui a explosé la veille, il règne une odeur effroyable que dégagent les cadavres asphyxiés et brûlés. Les FFI y récupèrent un butin abondant. Sans formuler de commentaire, l'aspirant Raymond Muelle observe la scène.

VIII

L'armée B livre la bataille de Toulon

Cette bataille promet d'être acharnée. Hitler vient de donner l'ordre de défendre Marseille et Toulon jusqu'à la dernière cartouche. Ce genre d'ordre ne souffre aucune discussion et provoque dans la Feldgendarmerie un sourire cruel et un coup d'œil furtif vers les cordes de chanvre. Le port de guerre ne présente plus d'intérêt pour la Kriegsmarine, dont les rares unités légères ont quitté la rade. Il reste des épaves de la Marine nationale sabordées sur ordre de l'amiral de Laborde en 1942. Le contre-amiral Ruhfus, commandant l'ensemble de la Kriegsmarine, a personnellement veillé à établir les plans de feu de son artillerie côtière et s'est offert le luxe de créer une brigade de fusiliers marins à partir des équipages de la flotte rendus oisifs par l'absence de bâtiments où les affecter. Comme dans les poches de l'Atlantique où ont été improvisées d'autres unités de fusiliers marins, il faut s'attendre à affronter de rudes matelots instruits par des loups de mer de la Kaiserlichemarine. Les troupes de l'armée de terre qui refluent ayant gardé un minimum de cohésion, il n'est guère difficile de galvaniser leur résolution au vu de leurs camarades disciplinés qui n'ont pas encore été jetés dans la bataille. Ruhfus et de Monsabert engagent une course contre la montre, le premier en accélérant les travaux, le second en courant les collines par le nord, dans un paysage familier à ses troupes nord-africaines.

L'action se subdivise en trois phases : l'investissement les 20 et 21 août ; le démantèlement les 22 et 23 août ; la réduction du 24 au 27 août.

L'investissement par les groupements de De Monsabert et de De Larminat les 20 et 21 août. L'ordre d'opération n° 7

La journée du 20 août voit deux groupements opérer sous Toulon, celui de De Monsabert et celui de De Larminat. Chez le premier, dès le 19 au matin, le général commandant la 3e DIA pousse cinq compagnies à Cuers et Pierreux. Il ne s'agit pas d'un bataillon homogène, mais de compagnies d'infanterie immédiatement disponibles, une foule fluide de quelques centaines de guerriers berbères. Cette action donne le rythme et le style de toute la campagne du côté français. L'allant, style caractéristique de la *furia francese*, animera en permanence les chefs et les troupes de la 3e DIA, au point que les manœuvres sous Toulon et Marseille, qui devaient être successives, seront simultanées. Dans l'après-midi, le général installe son PC à Puget-Ville et ordonne une reconnaissance blindée en direction du Camp-du-Castellet, menée par le colonel Bonjour et son 3e RSAR sur la RD 2. Les spahis effectuent un raid de 80 km, dépassant les agglomérations de Méounes-les-Montrieux et de Signes, mais en fin de soirée, ils se heurtent à un puissant barrage antichar au carrefour du Camp-du-Castellet. À la tombée de la nuit, le 3e spahis reçoit en renfort un escadron du 2e spahis et le 3e bataillon du 7e RTA en guise d'infanterie d'accompagnement. L'ensemble prend le nom provisoire de sous-groupement tactique Bonjour. Une petite équipe de FFI locaux, familière des chemins ruraux, guide deux bataillons incomplets du 3e RTA du colonel de Linarès dans le massif de Grand-Cap. Cette force de moins d'un millier d'hommes compense son faible effectif et son articulation disparate par une âpre volonté de vaincre.

Le 7e chas' d'Af oublie les avanies et fonce dans la mêlée

À l'aube du 20 août, après une nuit de bivouac sans incident notable, le 1er bataillon à effectif réduit emprunte le défilé entre Le Mont-Caume et Le Bau-de-Quatre-Heures, prenant la précaution d'envoyer des éclaireurs transpirer et s'essouffler dans les hauteurs afin de ne pas imposer de fatigue au gros de la troupe par une progression en zone difficile, mais propice aux embuscades. Il atteint la limite nord du faubourg de l'Oratoire face à la croupe des Arènes, important barrage ennemi. Le 3e bataillon à effectif réduit atteint le débouché du ravin descendant du Revest-les-Eaux, sans crainte de surprise venant des hauteurs impraticables. Le sous-groupement Bonjour s'empare alors du Camp-du-Castellet. Il attend la relève par le CC1 et descend la RN 8 en direction de Toulon. Le 20 au soir, les blindés à l'avant-garde du 3e spahis enlèvent le village du Beausset, rejoints par ceux du 7e régiment de chasseurs d'Afrique du colonel Van Hecke, aussitôt après son débarquement. Musulmans et chrétiens de la cavalerie d'Afrique se connaissent bien, partagent la même ferveur patriotique et s'apprécient mutuellement. Les querelles politiques n'ont pas prise sur eux. Ils partagent la même soif de revanche, cultivée dans les Chantiers de jeunesse, toutes confessions œuvrant ensemble. Pour eux, partagés entre la naïveté et l'enthousiasme, le maréchal chef de l'État et le général de La Porte du Theil en déportation sont les premiers des revanchards. Le 7e RCA, en touchant ses tenues américaines, a conservé les cravates vertes des Chantiers de jeunesse d'Algérie dont sont issus ses cavaliers. Après la victoire, le gouvernement provisoire accorde au 7e RCA la qualité d'unité de tradition des Chantiers de jeunesse et le privilège d'en conserver la cravate. Cette mesure servit à cicatriser les avanies que les sergents recruteurs de la 2e DB avaient fait subir aux jeunes des Chantiers au Maroc et en Algérie, jusque sur les chaînes de montage des véhicules américains livrés au titre du prêt-bail.

Simultanément, pour le groupement de De Larminat, la journée du 20 août est moins décisive et plus pénible que pour le groupement de De Monsabert. La 1re DMI et la 9e DIC ont piétiné, malgré des infiltrations audacieuses et un succès retentissant, dû au groupe des commandos d'Afrique le 18 août. Encore placé à cette date en renfort de la 1re DMI, le groupe a réussi l'extraordinaire exploit d'enlever la batterie de Mauvanne et ses 4 canons de marine de 150 mm, entamant le plan de feu des défenses d'Hyères. La 2e brigade du général Garbay, composée des 4e, 5e et 11e bataillons de marche, doit dépasser le Mont-Redon au confluent du Gapeau et du Réal Martin. Cette mission confiée au 5e BM est remplie au prix de gros efforts. Écrasés par la chaleur, asphyxiés par la poussière de la route, les hommes de ce bataillon s'y maintiennent en repoussant plusieurs contre-attaques. Sous la pression ennemie, il n'a pas été possible d'évacuer les blessés, dont la présence est toujours pénible et démoralisante auprès d'une troupe encerclée ou immobilisée. Au sud, la 4e brigade du colonel Raynal, composée des 21e et 24e bataillons de marche et des Tahitiens du bataillon d'infanterie de marine du Pacifique, doit s'arrêter à 400 mètres du Golfe-Hôtel solidement fortifié. Le 21e bataillon de marche parvient à s'infiltrer dans Hyères jusqu'au quartier de La Lazarine. Au nord-ouest, à la droite de la 1re DMI, la 9e DIC a quitté sa position de départ de Pierrefeu-du-Var. En fait de 9e DIC, ces troupes se réduisent au groupement du colonel Raoul Salan, soit le 2e bataillon du 6e régiment de tirailleurs sénégalais, un escadron de chars, un peloton de reconnaissance et un groupe d'artillerie. Le colonel Salan parvient à s'installer à la tombée de la nuit dans Solliès-Pont, à l'est du Gapeau. Les commandos d'Afrique s'infiltrent en direction du Coudon, par La Guiranne, sans rencontrer d'autres obstacles que des clôtures et des broussailles épineuses. Le 20 août à 20 heures, le général de Lattre de Tassigny dicte son ordre d'opération n° 7, de son PC de Pierrefeu-du-Var. Il a conscience de forcer sans vergogne la main du général Patch, mais l'attaque simultanée de Toulon et de Marseille se dessine déjà. L'objectif immédiat demeure Toulon, mais la posture offensive en vue de l'attaque de Marseille est esquissée, au risque de perturber le ravitaillement. La manœuvre des deux groupements de De Monsabert et de De Larminat doit être coordonnée par ce dernier dès la réduction de Toulon.

Le risque énorme de répartir l'effort dans trois directions

La journée du 21 août voit le groupement de De Monsabert manœuvrer en trois actions conjointes. À l'ouest, le 7e Chas' d'Af renforcé d'un escadron du 2e spahis quitte sa position de départ au Beausset. Ils atteignent à 9 h 30 la plage de Bandol, interdisant la route côtière aux mouvements des Allemands. Un vétéran originaire de Bouira, une bourgade à 120 km au sud-est d'Alger, se souvient d'une longue route écrasée de soleil, un rude pilonnage d'artillerie, des débris et des cadavres épars, des carcasses fumantes, le spectacle ordinaire d'une guerre qui se grave à jamais dans la mémoire d'un jeune homme à peine sorti de son village. Dans l'arrière-pays, le colonel Bonjour ordonne au 3e spahis et à un escadron de tanks destroyers détaché par le 7e Chas' d'Af de foncer vers Sainte-Anne-d'Évenos. Le commandant Mauche, chef de cet élément, masque les gorges d'Ollioules et contourne le fort du Pipaudon par le sud. Il dépasse Évenos, Le Broussan et Les Pomets, puis fait sa jonction avec le colonel de Linarès aux Quatre-Chemins. Le troisième volet de sa manœuvre est à la charge du 3e tirailleurs algériens renforcé par le bataillon de choc. Ils enlèvent le château de La Ripelle, au nord du mont Faron, sur la route de La Valette-du-Var. Le colonel de Linarès, se sachant couvert sur son flanc gauche, fait occuper Dardennes, mais se heurte à un tir de barrage avant La Poudrière. En dépit du repli en hâte de quelques éclaireurs de pointe qui se sont aventurés trop loin, le 3e tirailleurs algériens aménage solidement ses positions aux Quatre-Chemins, aux Routes et dans le quartier de l'hôpital militaire. La nuit connaîtra son lot d'activités de patrouille et de harcèlement, sachant que les infiltrations peuvent être jalonnées convenablement par les guetteurs et tireurs embusqués. Dans l'obscurité, c'est une guerre d'aveugles apeurés et enragés que se livrent les postes les plus exposés. Entre les balles qui miaulent, l'air lourd de la nuit porte les plaintes des blessés. Ces positions serviront de ligne de départ du lendemain, donnant un bon alignement pour les appuis de feu.

Des noms qui évoquent déjà l'Indochine

Cette journée du 21 août voit aussi le groupement de De Larminat agir en direction de Toulon dans la course contre la montre, tandis que s'élèvent fébrilement les fortifications de la Festung que veut créer le contre-amiral Ruhfus. À la 1re DMI, la 4e brigade est toujours bloquée face au Golfe-Hôtel. Elle demande un appui de feu à l'artillerie divisionnaire commandée par le colonel Navereau. La générosité américaine permet de ne pas regarder à la dépense en obus. Plus de 1 000 coups partent des pièces mises en batterie dans l'ouvrage de Mauvanne. Sur le site du Golfe-Hôtel, un paysage lunaire sert de repaire aux défenseurs tapis derrière des ruines fumantes. En début d'après-midi, une compagnie du bataillon du Pacifique monte à l'assaut et reçoit la capitulation de cette position. Un autre volet de l'action à la charge des 21e et 24e bataillons de marche permet d'occuper Hyères en fin de journée. Le 1er bataillon de Légion étrangère du commandant Brunet de Sairigné aborde le Mont-des-Oiseaux. Au nord, la 3e brigade rencontre plus de difficultés en progressant vers La Crau et doit livrer trois combats.

À la 9e division d'infanterie coloniale, le sous-groupement Salan enlève Solliès-Ville avec le 2e bataillon du 6e régiment d'infanterie coloniale et la crête de La Chapelle-Notre-Dame avec le 3e bataillon. Plusieurs contre-attaques de la 242e division d'infanterie allemande tentent de l'en chasser, mais il s'y maintient, laissant les pentes jonchées de cadavres Feldgraue. Salan franchit aussi la vallée du Gapeau, en dépit d'une ligne continue de positions de campagne dotée d'un réseau de fils de fer barbelés, de trous individuels garnis de tireurs et de nids de mitrailleuses à feux croisés. Cet ancien soldat de la Grande Guerre retrouve l'ivresse de la guerre de mouvement de l'été 1918, lorsque les poilus franchirent des lignes devant lesquelles ils s'usaient depuis quatre ans.

Les combats des 22 et 23 août

La coordination des deux groupements, celui de De Monsabert et celui de De Larminat, vise à démanteler la ligne fortifiée en construction autour de la Festung. Il leur faut la percer assez profondément afin d'empêcher aussi les défenseurs de bâtir des lignes concentriques qui apportent une *flexible response* avant la lettre. Ayant étudié les erreurs commises par le maréchal Soult face aux lignes de Torres Vedras au Portugal, il y a parmi les Français des tacticiens qui conçoivent leur manœuvre en hiérarchisant des urgences de manière à imposer leur propre initiative à l'ennemi. Le village de Torres Vedras a donné son nom à la ligne fortifiée par Wellington autour de Lisbonne en 1809. Au groupement de De Monsabert, le plus brillant est incontestablement le chef en personne. Au groupement de De Larminat, l'autre connaisseur de cette zone fortifiée souple des guerres napoléoniennes est de toute évidence le colonel Raoul Salan. Il va le prouver plus tard en Indochine et en Algérie. Dans l'immédiat, le démantèlement des fortifications terrestres de Toulon obéit à la logique de l'élan offensif consistant à mettre en position des forces déjà prêtes à bondir sur l'objectif suivant.

De Monsabert ordonne au bataillon de choc de se priver de ses 3e et 4e compagnies. Réparti en deux colonnes, il lance des pointes offensives en ville, vers la place de la Liberté, le boulevard de Strasbourg, la place du Colonel-Bonnier et la gare, cependant que le 1er bataillon du 7e tirailleurs algériens conserve sur ses arrières le maintien des communications avec les Quatre-Chemins. La 3e compagnie du bataillon de choc part à 10 heures de Dardennes, escalade les pentes nord du mont Faron, occupe le fort vide de toute garnison, puis accule à la capitulation le fort de la Croix-du-Faron à 22 heures. En descendant les pentes sud-ouest, la compagnie rencontre un petit groupe de FFI locaux près du fort Saint-Antoine. La 4e compagnie se heurte à de plus grandes difficultés. Elle participe à la réduction de La Poudrière. Cet ouvrage profite de l'épaulement des pentes ouest de la vallée du Las. Les tireurs d'élite qui occupent les remblais au-dessus des casemates empêchent une action de commando par les superstructures, tandis qu'un char défend l'entrée des galeries de casemates. Le 1er bataillon du 3e tirailleurs algériens approche l'ouvrage par le sud et le 3e bataillon par le nord et l'ouest. Les tentatives d'assaut se soldent par des échecs, puis un renfort de blindés renverse la balance des forces. Deux chars du 2e spahis algériens et deux tanks destroyers du 7e Chas' d'Af permettent à une section du III/3e RTA de s'infiltrer sur le sommet du fort vers 20 heures. Cette trentaine d'hommes suffit à obliger les défenseurs à se terrer dans les casemates souterraines. Les survivants de la garnison rendent les armes à 21 h 45. Les protagonistes ont fait preuve de la plus belle illustration des valeurs militaires. 250 soldats allemands sont morts à leur poste. Sur 160 prisonniers, 60 sont traités d'urgence par l'antenne chirurgicale.

Au matin du 23, les fusiliers marins allemands barricadés dans l'arsenal tentent une sortie vers l'ouest, en vue de rétablir un couloir dans l'axe de la route de Marseille. Le bataillon de choc leur coupe la route. Ayant installé un point d'appui au croisement du boulevard Louis-Picon et de l'avenue du 15e-Corps et un barrage place d'Espagne, il repousse les fantassins de la Kriegsmarine, qui refluent vers leurs positions de départ. Dans la foulée, le bataillon de choc et le 3e RTA talonnent l'ennemi et poussent une reconnaissance vers l'est. Une liaison est assurée avec les pointes avancées de la 9e DIC et de la 1re DMI dans les secteurs de la place de la Liberté et dc la préfecture. Dans l'arrière-pays, le détachement van Hecke, composé de la majeure partie du 7e Chas' d'Af et du II/3e RTA, le dernier bataillon de ce régiment dans l'ordre de débarquement, perce les lignes ennemies aux gorges d'Ollioules et reçoit la reddition du fort du Pipaudon.

Au groupement de De Larminat, le 21 au soir, le général est parti pour Marseille, sur sa demande, nanti d'une mission d'information. La 1re DMI et la 9e DIC repassent aux ordres directs du général de Lattre de Tassigny. Celui-ci accorde toute sa confiance à Salan, auquel il confie des prérogatives de chef du bureau des opérations, en plus de son commandement de troupes. Cet épisode de Toulon et la connivence qui se renforce entre les deux hommes vont motiver la passation de commandement en Indochine en 1952. La 1re DMI progresse lentement, s'arrête face à La Garde, lance la 4e brigade sur Le Pradet. Le village est réduit à 21 heures par le bataillon du Pacifique. La 2e brigade vient de s'installer sur la ligne de crête est qui passe par Touar. En fait, la division est entièrement immobilisée. Il faut attendre le lendemain pour que les 4e et 5e bataillons de marche nettoient le massif du Touar à 15 heures. Dans les collines accidentées se sont retranchés quelques tireurs irréductibles, capables de tirer des salves sporadiques, mais inaptes à toute contre-attaque. Le bataillon du Pacifique reprend sa route vers Nole, qu'il atteint au crépuscule, après avoir méthodiquement reconnu l'itinéraire et fouillé chaque buisson et chaque masure. Dans la nuit, quelques reconnaissances nocturnes contraignent l'ennemi à veiller à La Palasse, à Saint-Jean-du-Var et en lisière de Toulon. Dans la nuit, quelques balles traçantes zèbrent l'obscurité et maintiennent les sentinelles en éveil.

Habiles et mortels, des jeux tactiques entre professionnels de la guerre

Les résultats sont nettement plus probants à la 9e DIC. Ce 22 août, le groupement Salan comprend une palette interarmes puissante, d'infanterie, de cavalerie et d'artillerie, bien approvisionnée. Parmi les fantassins, ce sont les Sénégalais qui manifestent dans de chaleureuses démonstrations la confiance en leur chef. Le 6e RTS est au complet. Il se sait soutenu par un escadron de TD du régiment colonial de chasseurs de chars et le 3e groupe du RACM, régiment d'artillerie coloniale du Maroc. Ce groupement a reçu pour mission d'attaquer en direction de La Valette-du-Var. Il détruit tous les points d'appui sur son passage, à La Farlède, Les Grands, Pierrescas, Les Moulières et Pierre-Ronde. Ce dernier se montre particulièrement coriace, avec ses dix pièces d'artillerie. À 16 heures, la progression marque une pause, tandis que sous le pompeux vocable de jalonnement le long de la ligne passant par La Platrière, La Calabre et Le Château-Redon, les guetteurs aménagent quelques trous individuels. Les troupes allemandes en position le long du ravin des Minimes ont organisé des positions défensives, qui bloquent toute progression.

Dans la soirée, le III/6e RTS occupe la crête du Baudouvin, qui domine le ravin au nord-est. Emporté par son élan, outrepassant les ordres, un raid blindé du sous-groupement de Beaufort rallie le détachement de Pazzis, mais s'y trouve enfermé avec lui. Il s'agit du langage typique des cavaliers confus devant leur propre audace, trop avancés sans infanterie, à la merci d'un encerclement. Le 23, les efforts conjugués des 1er et 3e bataillons du 6e tirailleurs sénégalais, avec les commandos d'Afrique, ne peuvent pas réduire le ravin des Minimes. Le colonel Salan utilise son dernier bataillon d'infanterie restant, le 2e, soutenu par tous les chars disponibles, pour s'emparer de La Valette-du-Var. La compagnie la plus à gauche du dispositif déborde l'agglomération par le sud, dépasse Beaulieu et pénètre dans les faubourgs est de Toulon. Sous l'impulsion du colonel Charles, le RCCC, le régiment colonial de chasseurs de chars, se servant du 6e RTS comme infanterie d'accompagnement, prend le château de Fontpré, l'agglomération de Beaulieu, établit le contact avec le réduit de la Festung, au fort de Sainte-Catherine. L'escadron de reconnaissance du RCCC s'enfonce en ville jusqu'à la place de la Liberté. Ce coup d'audace appuie le commandant Merkin, de l'état-major de la 1re DMI, qui obtient à la tête d'un petit détachement la reddition de l'arsenal terrestre.

En fin de journée, la Festung se trouve réduite à ses défenses ultimes. Sans espoir de rouvrir la route de Toulon à Marseille, les défenseurs ne peuvent plus compter que sur le puissant dispositif de pièges, de mines et de bunkers pour retarder l'échéance inévitable. La conquête méthodique de la ville demande maintenant un réajustement des moyens et un commandement unique. En effet, les deux groupements ne sont plus adaptés à une progression en zone urbaine où les Allemands possèdent l'avantage du terrain et dont les chefs connaissent les doctrines d'emploi des troupes au combat de rue, synthétisées par des notes de services inspirées par les acquis du front de Russie. Surtout, l'absence du général de Larminat au moment décisif a été diversement interprétée à tous les échelons de la hiérarchie, réveillant les vieilles rancœurs entre clans rivaux. Mettant à profit le nécessaire remodelage de son dispositif, le général de Lattre de Tassigny reprend ses troupes en main, éloigne les Africains de De Monsabert vers Marseille et ordonne à la 1re DMI et à la 9e DIC d'effectuer des missions conformes à leur potentiel respectif. La 1re DMI, sérieusement éprouvée par des combats où elle connaît des flottements et des retards, doit se contenter de réduire quelques nids isolés qui tiennent encore à Sainte-Musse, au cap Brun et quelques groupes de bunkers du littoral frileusement recroquevillés derrière leurs

1.- Jean de Lattre de Tassigny (au centre), suivi de son fils Bernard âgé de seize ans, jeune engagé volontaire au 2e régiment de dragons, le 15 août 1944.

2.- Débarquant d'une barge LCI le 15 août 1944, les hommes sont chargés sous le poids des impedimenta et du fusil Garand.

1.- Le 16 août 1944, un major de plage trône sur un mirador de fortune entouré de sacs de terre, devant un appareil à signaux optiques. Derrière, la barge a ouvert son étrave. Les ballons servent à tendre des câbles d'acier contre la Luftwaffe.

2.- Le 16 août 1944, ces transmetteurs déroulent une bobine de fil pour les postes de téléphone de tranchée du modèle EE8 fonctionnant avec une manivelle. Ils franchissent un gué sur la Siagne près de Cannes-Mandelieu.

3.- Dans la nuit du 14 au 15 août 1944, les commandos d'Afrique s'emparent des pièces lourdes sous casemate.

4.- Le 17 août 1944, les goumiers marocains progressent vers Marseille. L'un d'eux tient un mouton sur ses épaules.

1.- À Marseille, le 29 août 1944, le général de Monsabert, chef de la 3e division d'infanterie algérienne, surnommé *Monsabre* par les Français et *le drôle de petit vieux* par les Américains, passe les goumiers en revue.

2.- À Marseille, le 29 août 1944, A. Diethelm et E. d'Astier, commissaire à la guerre du GPRF, les généraux de Lattre et de Monsabert, de gauche à droite sur la photo.

3.- Le 28 août 1944, à La Viste, au nord de Marseille, les artilleurs de Luftwaffe se rendent à un officier français en tenue américaine, coiffé d'un Adrian 1926 orné du croissant de l'armée d'Afrique et armé d'un Colt. 45.

4.- À Marseille, le 29 août 1944, le lieutenant-colonel de Latour, commandant le 2e groupe de tabors marocains : il est reconnaissable à son poignard de nettoyeur de tranchée à coup de poing américain US17.

3

4

Croquis du Colonel Paul Devautour.

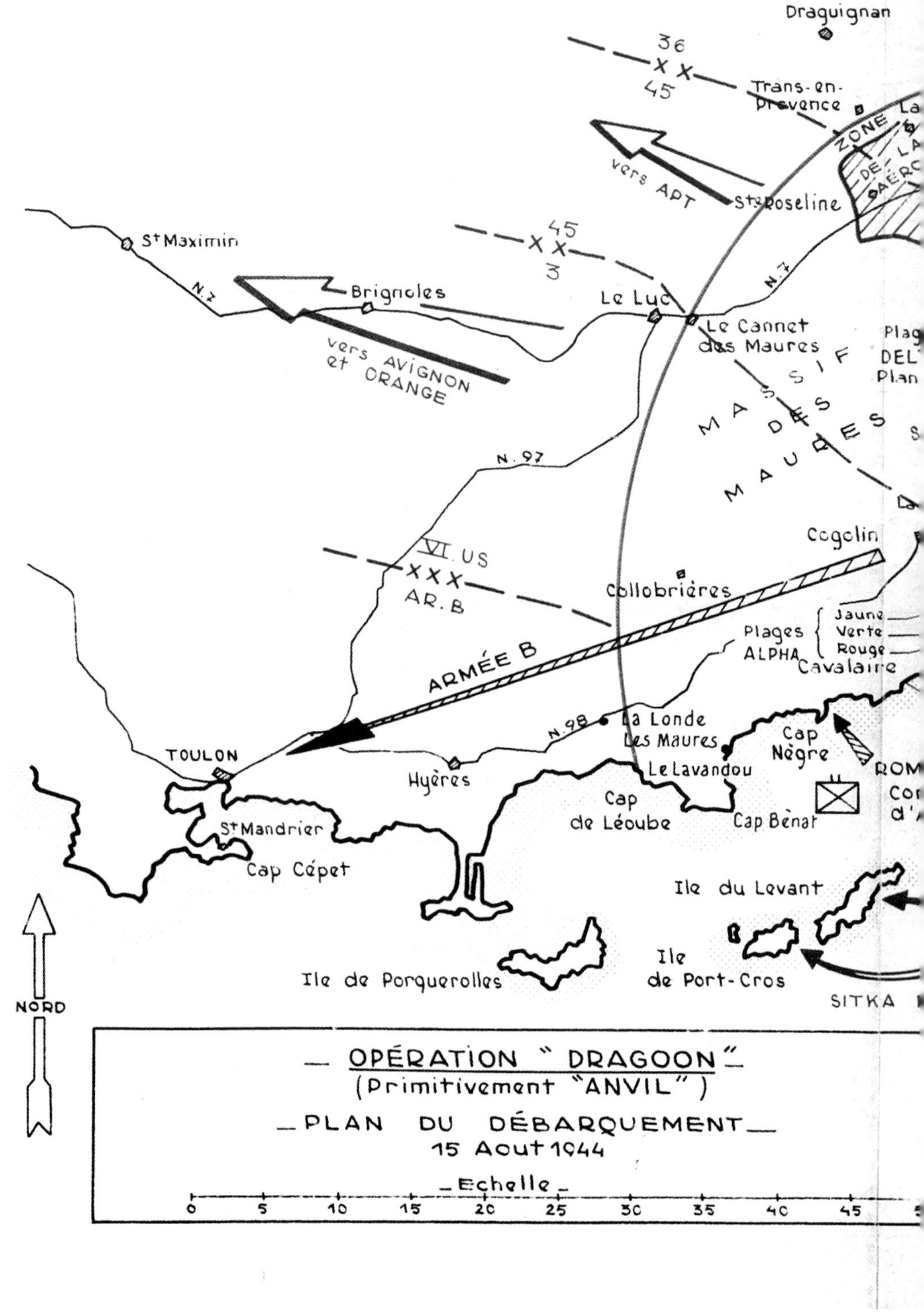

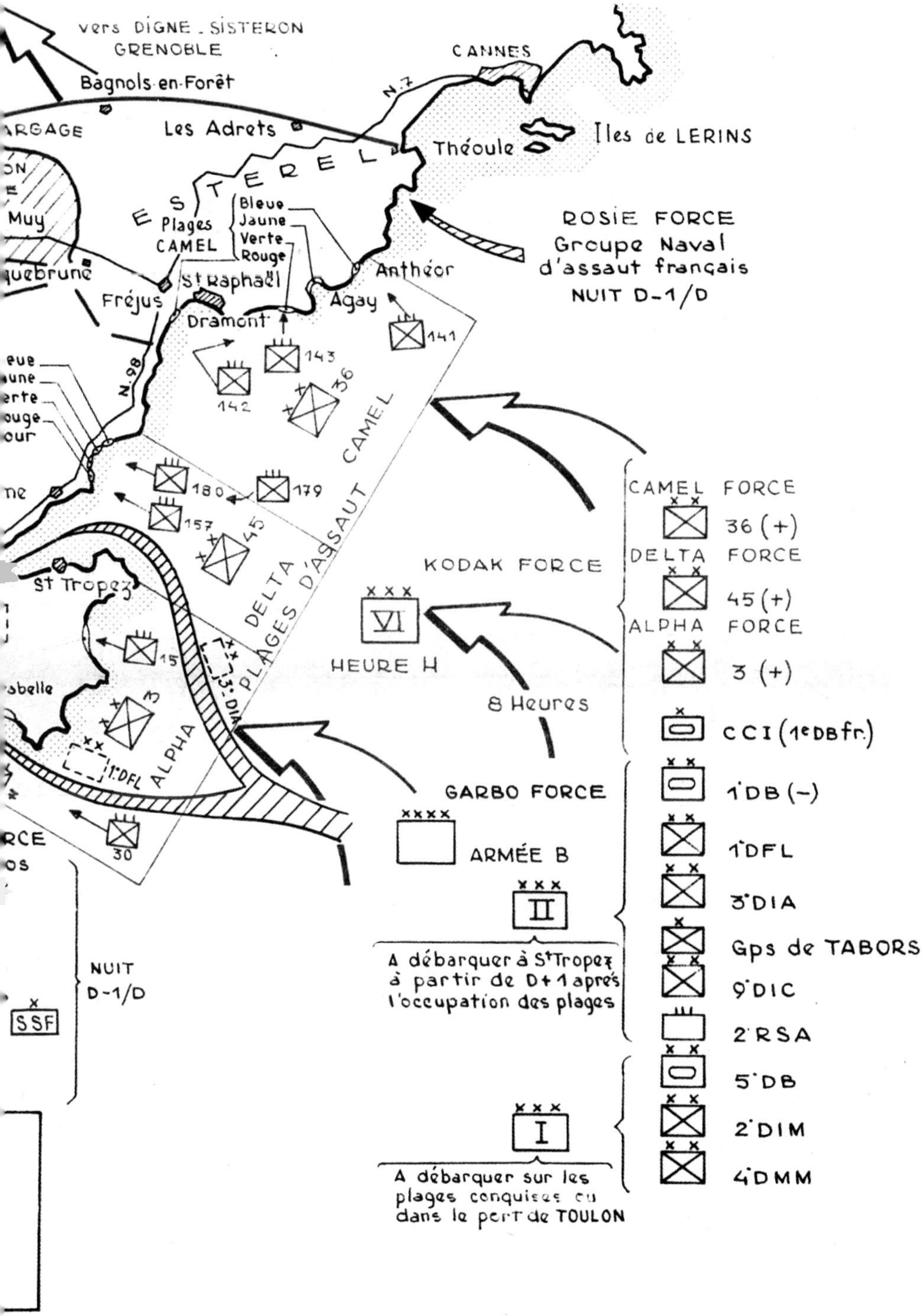
vers DIGNE - SISTERON
GRENOBLE
Bagnols-en-Forêt
CANNES
N.7
Les Adrets
Théoule
Iles de LERINS
ESTEREL
Muy
Plages CAMEL
Bleue
Jaune
Verte
Rouge
ROSIE FORCE
Groupe Naval d'assaut français
NUIT D-1/D
St Raphaël
Anthéor
Fréjus
Agay
Dramont
141
143
142
36
N.98
CAMEL
180
179
157
45
PLAGES D'ASSAUT
DELTA
KODAK FORCE
VI
HEURE H
St Tropez
15
3e DIA
8 Heures
13
1re DFL
ALPHA
30
CAMEL FORCE
36 (+)
DELTA FORCE
45 (+)
ALPHA FORCE
3 (+)
CCI (1e DB fr.)
GARBO FORCE
ARMÉE B
1re DB (–)
1re DFL
3e DIA
II
A débarquer à St Tropez à partir de D+1 après l'occupation des plages
Gps de TABORS
9e DIC
2e RSA
NUIT D-1/D
SSF
5e DB
I
2e DIM
4e DMM
A débarquer sur les plages conquises ou dans le port de TOULON

Le colonel Chappuis, en képi, commandant le 7e régiment de tirailleurs algériens, arrive le 27 août 1944 à bord d'un *Dodge command-car* pour recevoir la capitulation du *Kampfgruppe* retranché dans la Cannebière.

Une nouba du 3e RTA, avec son bélier, son chapeau chinois et ses derboukas, défile dans Marseille le 29 août 1944.

Toutes les photos © E.C.P.A.

champs de mines et leurs barbelés, d'où quelques artilleurs de marine narguent encore nos forces. Le général de Lattre de Tassigny confie à la 9e DIC du général Magnan l'honneur d'en finir avec Toulon.

Le combat urbain, une science établie par les Français depuis Bugeaud

Nos coloniaux s'apprêtent à connaître une rude bataille de rues. Il faut dans un premier temps nettoyer les quartiers au nord de la voie ferrée, entre Valbourdin et La Valette-du-Var, sous les pentes sud du Faron. Ensuite, selon la méthode de la tache d'huile propre à la guerre urbaine inaugurée en Espagne huit ans auparavant, il faut éteindre progressivement les nids ennemis des autres quartiers sans laisser d'îlots irréductibles derrière soi. Trois jours entiers de combat sont nécessaires à l'accomplissement de la mission, les 24, 25 et 26 août. Sous le commandement du colonel Salan, le 6e tirailleurs sénégalais opère à l'est dans La Valette-du-Var et Beaulieu, tandis que le 4e tirailleurs sénégalais, sous les ordres du colonel Bourgund, s'élance d'Ollioules et de l'Escaillon vers les faubourgs Valbourdin et Sainte-Anne. Devant relever la 3e DIA, la 9e DIC a pour mission temporaire de faire roquer une fraction du 4e RTS avec quelques éléments du colonel de Linarès, opération délicate qui est effectuée sous le feu de l'ennemi.

Au cours de la journée du 24 août, le chef de l'armée B joue finement une carte politique en nommant le lieutenant-colonel Le Puloch à la tête d'un groupement chargé de nettoyer la zone allant du fort Lamalque au cap Brun. Son groupement étant composé du RICM, du III/4e RTS, appuyé par 6 TD du RCCC et une section du génie équipée de lance-flammes et de détecteurs de mines, Le Puloch répartit ses effectifs en quatre détachements interarmes. Pour chacun de ces détachements, cela représente en moyenne un potentiel d'un millier d'hommes, un à deux chars légers et un lance-flammes. Dans ce genre de missions, l'équipe de pièce pyrotechnique est particulièrement exposée aux tirs ennemis. Le détachement D1 s'empare de la porte d'Italie et du fort Lamalque. Attaqué à 13 heures, l'ouvrage se rend à 14 heures. Le détachement D2 opère sa jonction sans incident avec la 1re DMI au cap Brun, puis rejoint D1 par le littoral. D3 et D4 ont été gardées en réserve en prévision d'une attrition très grave de D1 et D2, mais qui ne s'est pas produite. Ce qui aurait pu être une erreur de commandement se traduit par des récriminations des adversaires des autres clans. Le Puloch ayant fait allégeance au nouveau maître d'Alger, venu de Londres avec son équipe, il espère effectuer une brillante carrière, ce qui ne manque pas de peser sur le chef de l'armée B en lui confiant cette mission. Il rattrape une partie de sa maladresse et de sa lenteur en regroupant le RICM, avec assez de célérité pour le diriger vers le centre-ville, laissant au III/4e RTS le soin d'assiéger la presqu'île du Mourillon. Le chef du gouvernement provisoire d'Alger passe l'éponge sur le rapport des pertes sanglantes, mais, par peur du ridicule, renonce à donner à cette opération politique ratée l'ampleur de la « batterie des hommes sans peur » du capitaine Bonaparte.

Nos Sénégalais savent saisir les fortunes de la guerre

Salan prend le parti de ne rien dire de la faveur accordée à Le Puloch ni de son échec, il se sait investi de la confiance du chef de l'armée B, mais de lourds contentieux se créent pour de longues années, dont la crise va éclater dix-huit ans plus tard. Le groupement Salan conquiert le fort de Sainte-Catherine en début de matinée, où les tirailleurs sénégalais du 6e goûtent quelques instants de répit et se servent largement dans les magasins des fourriers. Il en va différemment au fort d'Artigues, où le commandant d'armes entre en pour-parlers mais refuse de capituler. Salan demande l'appui des moyens divisionnaires et reçoit la III/RACM (3e batterie du régiment d'artillerie coloniale du Maroc) et la II/RAC d'AOF (2e batterie du régiment d'artillerie coloniale d'Afrique-Occidentale française). Au total, cela représente une douzaine de pièces dont les salves réconfortent les fantassins angoissés et prêts à bondir. Malgré la préparation d'artillerie, deux assauts sont repoussés, l'un à 16 h 15, l'autre à 17 h 15. Il est impossible d'obtenir un appui d'aviation ni un renfort en artillerie.

Les retards que subissent les actions dans Toulon-Est sont compensés par la promptitude avec laquelle le colonel de Linarès, à la tête du I/4e RTS, prend position dans la nuit du 23 au 24 en zone rurale devant Le Revest-les-Eaux. Après avoir reconnu cette agglomération, le bataillon est regroupé à 15 heures à Sainte-Anne. Il traverse l'arsenal maritime, tâte les abords fortifiés du fort Malbousquet et s'installe en fin de journée au nord de la voie ferrée. Dirigé vers Ollioules, le II/4e RTS l'atteint à 2 heures du matin. Il peut préparer l'accueil de l'état-major régimentaire qui le rejoint à 7 h 30, suivi à 8 heures des échelons de soutien, de logistique et d'appui du régiment. Après une nuit brève en zone d'insécurité, le bataillon reprend sa progression vers l'Escaillon, Les Arènes et Lagoubran, mais doit se retrancher d'urgence face au pont de l'Escaillon et sur les hauteurs des Arènes, après avoir essuyé le feu des défenseurs. C'est alors que son chef décide de monter un coup de main très classique, mais qui fonctionne lorsque les trois phases s'enchaînent correctement. Fixer-déborder-réduire, la formule s'applique ici grâce à la complémentarité des pièces d'artillerie. Fixer l'ennemi appartient à la compagnie de canons d'infanterie, à la compagnie antichars, aux mortiers de la compagnie d'appui. Déborder revient au bataillon d'infanterie. Nos Sénégalais débordent la crête des Arènes par le nord et par le sud à 16 heures. La réduction n'a finalement pas lieu, puisque la garnison a la bonne idée de se rendre à 18 heures. Lagoubran est occupé à 17 heures. L'avant-garde prend contact avec la ligne ennemie suivante à l'ouest de Malbousquet, tandis que les patrouilles sont orientées vers La Seyne-sur-Mer.

Les vénérables forts tombent les uns après les autres

Pendant la journée du 26 août, les opérations de Toulon-Est sont encore très distinctes de celles de Toulon-Ouest. À l'est, le RICM ayant été regroupé, le III/4e RTS entre dans la composition du groupement Salan et attaque la batterie d'artillerie de La Mitre, qu'il atteint à 20 h 30. Salan a raison de l'obstiné commandant d'armes du fort d'Artigues. Après un marmitage copieux, un accord est passé à

19 h 45 qui sauve la face de la garnison. Elle doit se rendre le lendemain à 8 heures. En cinq jours, le groupement Salan a perdu 145 morts et 343 blessés, mais capturé 3 500 prisonniers. Dans l'après-midi du 25 août, le général commandant la 9e DIC réorganise les moyens de ses deux secteurs. Le premier secteur à Sainte-Catherine reste à la charge du colonel Salan avec les mêmes moyens renforcés : le 6e RTS, le III/4e RTS, un escadron de TD et le 3e groupe du RACM. L'autre secteur, au nord et à l'ouest, dans Sicié-Valbourdin passe sous le commandement du général Morlière, qui dirige l'infanterie divisionnaire, auquel le général de division a confié le 13e RTS (moins son 3e bataillon), le 4e RTS (moins son 3e bataillon), le RICM, un escadron de TD, le 1er groupe du RACM. Il lui laisse jusqu'au 26 août au plus tard un renfort provisoire qui devra être varianté vers Marseille : le 1er bataillon du 3e tirailleurs algériens, le bataillon de choc et la 2e batterie du 67e régiment d'artillerie. En bougonnant, Le Puloch rentre dans le rang pour méditer sur l'ingratitude des puissants, alors que quelques sourires peu amènes s'esquissent dans les tranchées voisines. Il ne pourra plus jamais être pris au sérieux par les soldats de métier mais sa vengeance sera terrible vingt ans plus tard.

Comme limite entre les deux secteurs, la division désigne comme jalon le fort du Faron, parce que les ouvrages sud de Malbousquet appartiennent au secteur ouest. Indispensable dans un combat de rue, le soutien d'artillerie est confié à deux groupes d'artillerie américaine, l'artillerie divisionnaire de la 1re DMI et celle de la 9e DIC. Dans le sous-secteur de Valbourdin, le colonel Burgund possède le 4e RTS (moins le 3e bataillon), le bataillon de choc, le 1er bataillon du 3e RTA, le 2e groupe du 67e RA. Lorsqu'il reçoit la mission tant attendue d'enlever le fort de Malbousquet, il reçoit un appui temporaire du 1er groupe du RACM et de deux groupes américains pour sa préparation d'artillerie. Le sous-secteur de Sicié, aux ordres du colonel Voillemin, commandant le 13e RTS, comprend ce régiment amputé du 3e bataillon, le RICM et un escadron de TD. Il faut qu'il ait achevé le nettoyage de la presqu'île de Sicié pour le 26 août. Le RICM se met en position le 25 août à Sanary-sur-Mer, prêt à foncer vers Marseille au premier ordre. À partir de 10 heures, le I/4e RTS approche les bastions est du Malbousquet en dispositif de combat. Les premières rafales de contact se font entendre à 15 heures. Soumis jusqu'à 19 h 30 à un marmitage intense, le fort est aveuglé par les fumées et une pluie de gravats. Son commandant accepte de se rendre. Les pourparlers lui accordent de reporter l'ouverture des portes pour le 26 à 7 heures. Sur les deux bataillons de Sénégalais disponibles, seul le 1er a donné, laissant le 2e au repos.

Pendant la journée du 26 août, dans le secteur de Sainte-Catherine, le III/6e RTS achève le nettoyage du quartier du Mourillon, faisant capituler la batterie de La Mitre après un tir de contre-batterie à coups de munitions lourdes de 155 mm. Dans le sous-secteur de Valbourdin, le I/4e RTS aménage en hâte le fort de Malbousquet en prévision d'une contre-attaque, peu probable, mais cela fait partie des procédures auxquelles il vaut mieux se plier plutôt que de regretter une trop grande sûreté de soi. La division transfert le II/4e RTS aux ordres du colonel commandant le 13e RTS. Dans le sous-secteur de Sicié, le colonel Van Hecke, commandant le 7e Chas' d'Af, a obtenu vers midi la reddition des garnisons respectives du fort de Six-Fours et de la batterie du Brégaillon, au nord de La Seyne-sur-Mer. Deux détachements doivent s'épauler pour réduire la presqu'île. À l'est, un sous-groupement composé du II/4e RTS, une section de compagnie antichar du 13e RTS, une section du génie et un peloton de reconnaissance du RICM, a pour mission d'occuper La Seyne-sur-Mer et de ratisser le sud-est de la presqu'île. Quelques tirs sporadiques ne peuvent pas arrêter le minutage prévu. Les forts Balaguier, Napoléon et de l'Éguillette tirent quelques coups de feu pour l'honneur, mais capitulent aussitôt. À l'ouest, l'autre sous-groupement, aux ordres du lieutenant-colonel commandant le RICM, comprend aussi une compagnie du III/13e RTS, des pièces de mortiers de 81 mm et des TD du RCCC. Il occupe Le Brusc, incitant la batterie de Peyres à se rendre à 18 h 30.

Toulon, première grande ville de métropole délivrée par l'armée française

La journée du 27 août voit le terme de cette bataille si préjudiciable à la ville sinistrée par une guerre acharnée employant des moyens de destructions industriels. Isolé dans la presqu'île de Saint-Mandrier-sur-Mer, l'amiral Ruhfus subit depuis le 18 août un pilonnage continuel, où chaque interruption des tirs des gros calibres de marine annonce le passage de l'aviation de bombardement. Les tirs, continus depuis le 21 août, sont suspendus à 17 h 15 sur l'ordre du général commandant le 9e DIC, en accord avec l'US Navy. Le lieutenant-colonel commandant le RICM fait connaître à 20 heures par un émissaire qu'il attend la capitulation sans conditions de la garnison. L'amiral y consent à 23 h 45 et accepte de se présenter en tête de la garnison au lieu-dit Les Sablettes le lendemain 28 à 6 heures. Bénéficiant d'un insigne honneur, le RICM reçoit la capitulation officielle de la Festung en présence de 40 officiers de la Kriegsmarine et de 1 800 gradés et matelots. Une impressionnante prise d'armes a lieu sous l'objectif des photographes, au cours de laquelle les héritiers des traditions de la Kaiserlichemarine entendent bien en remontrer une dernière fois à leur vainqueur dans la rigueur du cérémonial, avant leur internement.

La bataille de Toulon coûte aux Français de l'armée B 2 700 tués et blessés, dont 100 officiers. Hormis les milliers de tués et blessés, ce sont plus de 17 000 soldats allemands valides qui sont tombés dans la nasse. Les FFI montrent symboliquement les tendances de l'opinion, mais leur faible effectif pèse peu dans le fonctionnement des opérations. Malgré leur discipline parfois flottante, ils ont su occuper le pont de l'Escaillon et la batterie côtière de La Badine, au bout de la presqu'île de Giens. Sans connaître le feu, ils ont au moins servi à garnir une fenêtre de front. Peu tentés par l'engagement dans les troupes d'Afrique dont la tenue au feu et la discipline les impressionnent, seuls quelques dizaines de volontaires sont finalement acceptés à la 1re DMI. Alors que les combats font rage dans le centre-ville de Toulon, Marseille, investie dès le 21, fait l'objet du même traitement, qui se termine également le 28 août. Dès le 13 septembre, la Marine nationale refait son entrée dans le port de Toulon avec toute la pompe requise.

Des Arméniens acharnés et qui n'ont plus rien à perdre

Parmi la garnison allemande de Toulon figure le 4e bataillon du 198e régiment d'infanterie, commandé par le lieutenant-colonel Hasso Grundmann, rattaché à la 242e division d'infanterie. Ces volontaires arméniens sont recrutés en URSS et dans toute l'Europe parmi les réfugiés du Haut-Karabagh et du Moyen-Orient. Beaucoup ont fui les brutalités du NKVD stalinien et de la gendarmerie d'Atatürk. Lorsque la diplomatie française a abandonné Antioche et le Sandjak d'Alexandrette à la Turquie, achetant ainsi la neutralité d'un gouvernement germanophile, personne n'a pensé alors aux brutalités qui seraient commises sur les communautés chrétiennes. Quelques-uns ont l'expérience du feu, ayant servi sous le statut de supplétif à la Légion étrangère, aux 11e et 12e RMVE, régiments de marche de volontaires étrangers, levés en France parmi les résidents et réfugiés. Créées en 1939, ces unités sont dissoutes en 1940. Malgré la grande disparité d'âge des volontaires, l'état physique moyen, l'équipement et l'armement sortis des rebuts de stocks de mobilisation, le panachage des milieux sociaux d'origine allant des malheureux croupissant dans la misère la plus sombre à la bourgeoisie la plus aisée, ces régiments ont fait preuve de bonne contenance au feu et pu effectuer une retraite en ordre.

Quel cruel destin maintenant de voir des Arméniens en tenue Feldgrau ! L'intendance allemande fournit l'impedimentum de campagne aussi complet que possible, parfois panaché avec quelques effets périmés datant de la Reichswehr de Weimar. La vareuse est garnie de l'aigle brodé d'ordonnance, cousu sur la poche pectorale, insigne auquel seuls ont droit les Volksdeutsche. Remarqués par les généraux pour leur valeur, ces Arméniens comptent parmi les rares volontaires orientaux à recevoir après le 18 mars 1944 le privilège de porter les Litzen frédériciennes, insignes de col allemands, en forme de fausse boutonnière, hérités des grenadiers de la garde royale prussienne. Toutes les autres Ostlegionen portent des mentions distinctives de l'armée Vlassov. L'insigne de manche, en forme d'écusson, brodé lui aussi, représente les couleurs tribales de chaque peuple oriental. Curieusement, les républiques d'Asie centrale ayant fait sécession d'avec l'URSS en 1989 viennent de reprendre ces couleurs sur leurs drapeaux.

Le IV-198 JR de la 242 ID, comprenant quelques francophones, est désigné pour collaborer avec la gendarmerie nationale et le Secours populaire pour évacuer les civils toulonnais. Pour des raisons d'efficacité et non d'humanitarisme, l'état-major préfère éviter de confier cette mission aux volontaires turcophones qui forment presque un quart des effectifs allemands. Retranché en ville, au cours de combats féroces, ce bataillon est détruit pendant le siège de Toulon. Les survivants capturés finissent au goulag, comme tous les volontaires orientaux restitués à Staline.

Quelques FFI parviennent à se faire respecter par les troupes régulières

Patch se pose de graves questions. Comment utiliser des partisans sans garantie de discipline ? Tiendront-ils les positions qui leur sont assignées ? Accepteront-ils de s'éloigner de leur domicile ? Peuvent-ils opérer sans logistique ni évacuation par le service de santé ? Comment leur faire respecter les procédures radio et les codes de manœuvres, alors qu'ils n'y ont pas été instruits ? S'ils sont faits prisonniers, les Allemands ne les fusilleront-ils pas comme terroristes sans uniforme ? Comment prendre la responsabilité juridique de s'adjoindre des troupes qui ne reconnaissent ni ne sont reconnues par la convention de Genève ? Comment faire manœuvrer des supplétifs dans une guerre industrielle ? Que faire de groupes de quelques dizaines d'hommes sans organigramme bataillonnaire ?

Seul un chef de maquis, Lelaquet, parvient à rassembler un peu moins d'un millier de combattants, ce qui lui vaut d'être appelé colonel. En quelques brefs accrochages, les différents groupes perdent 108 tués et 125 blessés pour des résultats assez minces. Seuls s'avèrent utilisables les Français de souche, puisque les partisans communistes italiens émigrés à Nice avant le conflit préfèrent tenter d'établir une éphémère enclave soviétique plutôt que de poursuivre l'armée allemande. En dépit des tensions qui opposent les FFI et les FTP, ces forces non conventionnelles prouvent leur utilité en convoyant 4 000 prisonniers.

Remarquée pour son honorable tenue au feu, une centaine de FFI de Hyères est invitée à s'engager dans les troupes régulières. Ils vont achever leur instruction par amalgame à partir d'octobre, comme les soldats de l'an II, d'après la grande vision du général de Lattre de Tassigny, en formant des unités régulières fières de leurs traditions. Pour notre orgueil national, il est flatteur de citer la Résistance, même si ses effectifs symboliques n'atteignent pas 1 % du corps de bataille.

IX

L'armée B remporte la bataille de Marseille

Considérations générales : le flair de De Monsabert contre la prudence américaine

Lors de la conception de la manœuvre, il était hors de question que puissent être livrées les deux batailles simultanées de Toulon et de Marseille, en raison de la faiblesse des effectifs débarqués. Le port de Toulon comme objectif principal signe la méthode des Alliés, soucieux de s'assurer d'une grande base d'opération. Seuls les débarquements précédents d'Alger et de Naples ont permis à la lourde logistique américaine de profiter des installations portuaires indispensables au transit. À aucun prix, ils ne veulent revoir la pagaille du débarquement au Maroc, avec le lot de fauteuils de dentistes en avant-garde sur la plage. Ils ont très mal vécu le dramatique embouteillage de véhicules sur Omaha Beach, le mois précédent, vite transformé en cimetière d'épaves calcinées sur les ridelles desquelles coule le sang des personnels affolés, incapables de s'affranchir de la sujétion à l'égard des moyens de transport. L'opération Overlord en Normandie présente l'énorme inconvénient de ne pas avoir pu immédiatement s'emparer d'un port lourd et de rester tributaire de deux ports artificiels, dont un détruit par la tempête. Dragoon, au contraire, place ce paramètre au premier rang.

Les Alliés craignent les plages-cimetières et les combats de rue sanglants

Les Alliés viennent de subir de graves avanies dans la réduction de Caen. Ils ont peur de recommencer une bataille d'attrition dans une grande ville. En confiant cette mission à des Français, l'opinion américaine aura moins de remords qu'avec le sang des *boys*. Au départ, le général de Lattre de Tassigny concentre tous ses moyens, si réduits soient-ils, vers Toulon, tout en gardant une option sur la route de Marseille. Dès le 19, le colonel Bonjour, commandant le 3e spahis, mène une reconnaissance au Camp-du-Castellet, à mi-chemin entre Toulon et Marseille. Pressé par le général de Monsabert, commandant la 3e DIA, le général de Lattre de Tassigny consent à distraire du dispositif le premier échelon débarqué de cette division, amputé cependant du sous-groupement de Linarès. En effet, deux bataillons du 2e RTA et le bataillon de choc sont déjà en ligne. Néanmoins, les trois groupes de tabors et le CC1 de la 1re DB sont promis à exploiter la percée vers Marseille.

Ce grand port, comme Toulon, est destiné depuis le 17 août, sur l'ordre d'Hitler, à se transformer en Festung dans laquelle la garnison doit combattre jusqu'à la dernière cartouche. Couverte par un double système défensif, la ville est garnie de fortes positions. Sur les quatre grandes pénétrantes, le commandement allemand a établi des bouchons, construits avec des abattis piégés, hérissés de pièces de PAK, garnis de soldats décidés, frais et dispos :

- sur la route d'Aix-en-Provence, à la jonction de cette route avec celle de Salon, l'éperon rocheux du Fouresta ;
- sur la route de Saint-Raphaël, La Pomme, Cadolive, Peypin ;
- sur la route de Toulon, Aubagne ;
- sur la route du littoral, Carpiagne et le col de La Gineste ;

Dans le centre-ville, deux réduits fortifiés ont été aménagés, abondamment garnis de blocs et de casemates :

- au nord, le port ;
- au sud, la colline de Notre-Dame-de-la-Garde.

L'artillerie compte au moins 150 pièces d'un calibre égal ou supérieur à 75 mm.

La garnison comprend sa propre garnison terrestre composée d'une division d'infanterie statique, à laquelle s'ajoutent les matelots de l'arsenal et des équipages de la flotte. Un renfort imprévu, mais de valeur discutable, arrive peu à peu sous la forme de groupes peu ou prou en ordre, encombrés de blessés.

Parmi les unités de Kriegsmarine se trouvent des hommes immédiatement opérationnels et d'autres inaptes aux missions terrestres. Les premiers, les plus redoutables, sont organisés en compagnies de fusiliers marins parfaitement drillés à l'intervention rapide vers les points menacés et les brèches à colmater ; d'autres forment les équipes de servants affectées aux pièces de l'artillerie côtière ; parmi les seconds figurent les techniciens, ouvriers et manœuvres d'arsenal, ne sachant pas manier une arme individuelle.

L'essentiel de la défense terrestre face à l'arrière-pays repose sur la 244e division d'infanterie statique, dont les effectifs sont presque complets, les organes de commandement intacts et le potentiel de combat toujours actif.

Peu à peu, les unités isolées de quatre autres divisions, refluant devant le débarquement, viennent s'enfermer dans Toulon. Seule l'armée allemande à cette époque est capable de reconstituer instantanément des éléments de combat à partir de troupes qui battent en retraite. Dans d'autres armées, ce serait des fuyards qu'il faudrait tout d'abord réorganiser et rééquiper, mettre quelques jours au repos, avant de les renvoyer en ligne par unité de marche. L'armée allemande a pris cette leçon au contact des Français pendant la bataille de la Marne en août 1914, lorsque von Kluck s'était exclamé : « Que des fuyards étrillés depuis des semaines soient capables au son du clairon de faire demi-tour sur place et de reprendre l'offensive, c'est quelque chose que nous n'avions pas appris à la Kriegsakademie. » Les experts américains de West Point estimeront après la fin des combats que la capacité des Allemands à se reconstituer en groupe de combat, Kampfgruppe, autour d'une sorte de chef tribal sans considération de son grade officiel, a permis à l'Allemagne de prolonger la guerre d'au moins six mois.

Dans la nuit du 19 août, le général de Lattre de Tassigny prescrit au général de Monsabert :

– de pousser vigoureusement l'enveloppement de Toulon par le nord et par l'ouest ;

– de se diriger dès le 20 vers Aubagne, considérée comme la clé de voûte du glacis de Marseille.

À partir du 21 août, la bataille pour les deux grands ports s'engage sur un front énorme de 80 kilomètres, véritable cauchemar pour le train et la logistique, défi impossible pour les mesures de sécurité et les transmissions par radio.

Festung Marseille, le camp retranché

La mission du groupement de De Monsabert commence par l'enveloppement dès le 20 août. Aux ordres du général Sudre, le Combat Command n° 1 remis par Patch à la disposition de l'armée B relève les escadrons du 7e Chas' d'Af et du 3e spahis du groupement Bonjour au Camp-du-Castellet. Ces derniers achèvent l'investissement de Toulon en se dirigeant vers Le Beausset et Bandol. C'est alors que le CC1, libre de foncer vers Marseille, dépasse la cuvette de Cuges-les-Pins après un bref combat, puis force le col de l'Ange tenu par un bouchon retardateur. Sur ces contreforts des Alpes-de-Haute-Provence, le relief des cols dicte la posture des défenseurs et des assaillants. Les premiers peuvent au moindre prix barrer la route par des abattis, les garnir de pièges et de mines, monter des embuscades légères en avant du dispositif, sans omettre de consacrer le maximum d'efforts à barricader le col. Pendant que des équipes légères harcèlent les assaillants, le gros de la troupe se charge d'aménager fébrilement le réduit principal du col. Naturellement, les groupes d'embuscade emportent tout au plus une pièce de mitrailleuse et quelques grenades antichar. Après le coup de main, elles s'exfiltrent comme elles le peuvent par les chemins de montagne, abandonnant les blessés à la générosité de l'assaillant, mais nos Africains ne font pas de quartier. Une fois que les assaillants parviennent en vue du col, les nerfs à vif, le commandement réclame une préparation d'artillerie. Celle-ci est rarement accordée, sachant que le train d'artillerie piétine dans les encombrements causés par les abattis que le génie dégage et démine à la hâte.

Bien souvent, la décision appartient à un simple capitaine, tout au plus un chef de bataillon, qui engage un duel de mitrailleuses avec les défenseurs du col, tandis que les tirailleurs grimpent comme des chèvres au-dessus du col. De violents corps à corps, à la baïonnette ou à la pelle de tranchée aiguisée comme un rasoir, dégénèrent parfois en combat singulier, jusqu'à ce que les tireurs d'élite qui tiennent le col en surplomb soient éliminés. Dans l'intervalle, avec un peu de chance, la compagnie d'appui a pu faire monter un ou deux mortiers en pièces détachées arrimées sur des mulets. Brusquement, la situation devient intenable au sommet du col. Pendant que les servants des mortiers se bouchent les oreilles comme ils le peuvent et ploient la tête pour subir le souffle du coup de départ, les fantassins aplatis dans les broussailles regardent avec un sourire carnassier le vol majestueux et lent du « pélot », comme on dit en argot de tranchée, qui va s'abattre sur le col. À chaque coup d'arrivée, une chorégraphie parfaitement réglée se reproduit : les fantassins que la peur place dans un état second bondissent de quelques mètres puis se plaquent au sol dans un tintamarre de bidons et de gamelles, sans se préoccuper des bleus et des bosses. Baignant dans une sueur froide, les genoux et les coudes couronnés et meurtris, tapis derrière le moindre pli de terrain, les fantassins entendent miauler les balles au-dessus de leur casque d'acier. Cette mince tôle d'un millimètre d'acier protège des gravats mais pas des projectiles. Au dernier bond avant le col, selon l'appartenance de nos troupes, les uns et les autres hurlent « Ou-Allah-ou-akbar », « À moi la Légion », voire d'autres vociférations que la morale réprouve. Mais où est la morale là où pleuvent le fer et le feu ? Hébétés, traumatisés et assourdis par le marmitage, il ne reste plus aux Allemands qui tiennent encore le col qu'à vendre chèrement leur peau. S'il reste quelques survivants, ils tentent une rapide exfiltration, les jambes à leur cou, en dévalant l'autre versant. Leur course tragique ponctuée de chutes brutales s'interrompt rapidement, tandis que nos tireurs hilares jouent l'apéritif à ce concours de tir. De part et d'autre du col, les pentes sont couvertes de cadavres ou d'agonisants, sans différence dans la couleur des tenues poussiéreuses et noircies de sang coagulé. Sous le soleil de Provence, les mouches festoient, tandis que se traînent lamentablement les colonnes de prisonniers, tenant de courtes pelles de tranchée fort peu pratiques pour de grandes fosses. Au milieu de la puanteur qui s'accroît d'heure en heure, il arrive qu'un prisonnier manquant de nerf à ensevelir les cadavres ne tarde pas à les rejoindre dans l'au-delà. Les sentinelles sont pressées : pour elles aussi, ça pue. Seuls prennent plaisir à cette boucherie avariée les officiers de renseignements qui papillonnent de cadavre en cadavre et récoltent des documents épars, sans compter les inévitables pillards qui bravent la prévôté. Comme sur tous les champs de bataille, les vêtements des morts ont les poches retournées. Au col de l'Ange comme ailleurs, c'est toujours le même scénario qui se répète, agrémenté seulement de quelques variantes selon les moyens et le terrain. Le CC1 parvient sous Aubagne à la faveur de la nuit. Il ouvre la route à l'infanterie d'accompagnement, le 2e Regimental combat team, formation tactique provisoire issue de la 3e division d'infanterie d'Afrique, qui lui a fourni le 7e tirailleurs algériens et les tabors marocains.

La journée du 21 août est consacrée à l'ouverture de la route de Marseille en faisant sauter le bouchon d'Aubagne. Une charge de chars Sherman, digne des grandes traditions de la cavalerie lourde, menée par le 2e cuirassiers du colonel Durosoy, suivie du 3e zouaves du colonel Létang, le bataillon porté divisionnaire, ouvre une brèche au nord-est à 10 heures. Défendue par trois bataillons d'infanterie statique appuyés par des pièces d'artillerie antichar de 88 mm et des obusiers de 105 mm, entourée d'un champ de mines, la ville bloque le CC1. Cet échec est compensé par la fixation de la garnison allemande. Simultanément, le 2e groupe de tabors du colonel de Latour, parvenu au col de l'Ange, reçoit l'ordre de déborder Aubagne par le nord et le sud pour empêcher toute tentative de sortie de la garnison. Déclenchée dès 13 heures, l'attaque dure jusqu'à 18 heures après une progression pénible qui arrête les tabors en lisière nord et sud de la ville à la tombée de la nuit. Sous les étoiles montent les mélopées funèbres traditionnelles des montagnards rifains, pour accompagner les âmes des leurs qui entrent au paradis d'Allah à l'ombre des sabres. Les harcèlements durent jusqu'au petit matin, mais il faut encore toute la matinée pour faire tomber le réduit.

Les tabors, un tableau orientaliste

En juillet 1944, de Gaulle remet en cause la participation des goums. Sans parler de racisme, il n'a que dédain pour l'aspect « sauvage » de ces troupes qu'il craint d'employer en métropole. Accusés d'exactions sur les civils italiens, ces guerriers n'ont fait qu'appliquer le droit coutumier tribal et théophanique qui donne au vainqueur par la grâce de Dieu tout le butin, les armes, les biens, le bétail et les femmes. Les ministres communistes prétendent que des généraux réactionnaires et des troupes indigènes pourraient imposer leur loi à la mode franquiste au peuple de France. Une âpre discussion entre le général de Lattre de Tassigny et son chef permet de prendre les 6 000 goumiers et 1 200 mulets stationnés en Corse, mais le chef du gouvernement provisoire exige que les supplétifs marocains ne puissent entrer dans les villes sous aucun prétexte. Le chef de l'armée B outrepasse les ordres et parvient à l'insu des Américains à regrouper en Provence 12 900 goumiers. Constamment au feu, ils s'approchent de Marseille « s'infiltrant irrésistiblement à travers les défenses allemandes comme l'eau s'infiltre à travers les rochers » (Spillmann, *Les Goums mixtes marocains*). Le siège du port leur coûte 150 morts, dont 3 officiers, et 530 blessés, dont 17 officiers. Ils capturent 8 600 prisonniers, dont 125 officiers, mais surtout un important butin, dont une centaine de pièces d'artillerie, que les clauses signées avec les Américains laissent aux Français. À lui seul, le goum du capitaine Duparcmeur s'empare du PC de la défense terrestre de Marseille, retranché dans le tunnel des Trois-Ponts, et capture le Generalmajor Claus Boie, Feldkommandant de Marseille, avec 1 250 prisonniers. Leurs officiers étant issus du corps des Affaires indigènes, créé par le général de Sonis (le héros de Loigny, où il fut amputé d'une jambe le 2 décembre 1870), ce sont souvent des arabisants distingués. Leur équipement ne coûte presque rien : *naïls* (sandale de cuir portée sans chaussettes. Ces dernières se limitent à un manchon de guêtre enfilé sur les mollets), *rezza* (coiffure de fil de laine entortillée), la *guettaïa* (petite natte de cheveux tressée, pendant du crâne aux 3/4 rasé), *djellaba* (blouse de laine à rayures brunes, avec une capuche, habillement traditionnel de montagnard). Ils sont commandés par des gradés sortis du rang, *maoun* et *maoun-aouel* (caporal et caporal-chef), et des sous-officiers, *mokadem* et *mokadem-aouel* (sergent et sergent-chef). Leur armement est périmé depuis longtemps, le *chasspou* (nom venant du fusil Chassepot, remplacé par le Gras modèle 1874, puis par le Lebel 1886, enfin par le US Garand semi-automatique) et le *traïous Ouchkiss* (pièce de mitrailleuse Hotchkiss datant de la Grande Guerre).

Les tabors marocains verrouillent Marseille

Cependant, un sous-groupement détaché du CC1 remonte la vallée de l'Huveaune jusqu'au carrefour de La Pomme. Il redescend vers Marseille par les faubourgs du nord-est, mais doit s'immobiliser face aux points d'appui de Cadolive et de Peypin, particulièrement bien armés et fortifiés. En ville, nos troupes sont quelque peu décontenancées. Seuls les Allemands disposent d'un véritable règlement de manœuvres en zone urbanisée, depuis les féroces combats en Russie. Sur l'ordre du général commandant la 3e DIA, le colonel Chappuis fait occuper les crêtes de part et d'autre de la route par deux bataillons du 7e RTA. Le général Guillaume fait déboîter un GTM sur chacune des deux ailes du dispositif. Il faut toute la souplesse manœuvrière de nos Marocains pour suivre la cadence du 7e RTA en train de se déployer, bondir encore plus vite dans les rochers et la broussaille, conserver l'alignement malgré les obstacles du terrain, maintenir la discipline de la ligne de feu. Le gain de temps donné par ce déploiement exemplaire, digne d'un exercice rodé et répété jusqu'à la perfection en temps de paix, héritage des efforts exigés du temps de Weygand, permet aux trois groupes de tabors marocains de verrouiller Marseille. Les ordres sont simples. Le 1er GTM du colonel Leblanc marchera sur Septèmes-les-Vallons et coupera la route, la RN 8 *bis*, d'Aix à Marseille. Le 3e GTM du colonel Massiet du Biest abordera la ville par Cassis, au sud. Le 2e GTM doit achever la réduction d'Aubagne avant de rejoindre le 3e GTM.

La journée du 22 août voit se dérouler des actions qui s'épaulent mutuellement, ayant pour but d'encercler définitivement les accès de

Marseille, puis de pénétrer vers le centre de la Festung. Le III/7e RTA du commandant Finat-Duclos, fortement assailli, doit se retrancher dans le hameau Les Olives, près d'Allauch. Il met pratiquement la journée à se dégager, quoique cet échec tactique fixe des forces ennemies qui eussent été plus utiles à retarder le II/7e RTA du commandant Bié, qui a bivouaqué à 10 km au nord, au Pilon-du-Roi. Impatient, le général de Monsabert ordonne au CC1, renforcé par le I/7e RTA du commandant Marcel, de foncer droit vers Marseille. La route principale étant minée, la colonne emprunte la parallèle au nord du cours de l'Huveaune. L'étroitesse de la voie retarde la progression, mais le temps gagné sur un éventuel déminage compense cette perte de temps. Comme le veut la routine, les officiers d'état-major ont préalablement étudié l'itinéraire d'après les cartes, afin d'estimer les charges tolérables par les ponts du réseau vicinal. Le calcul des risques montre qu'il vaut mieux réparer d'urgence un petit pont ébranlé par les engins chenillés que de perdre du temps sur les pièges. De mauvaise humeur, mais craintifs, quelques riverains se plaignent des destructions occasionnées par l'élargissement de la voirie. Observant la manœuvre de ses moyens grâce aux comptes rendus radiophoniques et aux estafettes dont les norias incessantes alimentent l'information, le général de Lattre de Tassigny sent monter l'inquiétude de son entourage. Certains murmurent au casse-cou. Il va lui falloir prendre une décision lourde de conséquences, au regard de la responsabilité qu'il a prise de mener les deux batailles simultanément en bousculant le calendrier prudent des Alliés. Trois événements contrarient l'optimisme mesuré du départ. Il va falloir tenir compte de l'émeute populaire, de la rivalité entre De Larminat et De Monsabert, et de Patch qui dédaigne Marseille et s'inquiète de l'arrivée de Panzers.

L'émeute populaire force la main des professionnels

L'insurrection des partisans marseillais réclame un secours immédiat. Comme les chefs politiques des réseaux locaux ont pris unilatéralement une décision destinée à frapper l'opinion, mais sans tenir compte de leurs moyens militaires réels, dérisoires, ils se trouvent dans une situation désespérée. Dans l'exaltation du moment, les partisans ne voient pas le péril et font bon marché de leur vie. Il est beaucoup plus grave d'exposer la population civile aux affres d'une guerre urbaine, provoquant des enthousiasmes éphémères dans des quartiers provisoirement sous le contrôle de l'insurrection, qu'elle est incapable de tenir, mais dont les habitants tombent sous la loi militaire lors des mouvements de troupes. Posément, le général de Lattre de Tassigny mesure l'enjeu. Faut-il profiter des tensions en ville pour s'introduire dans une situation fluide à la faveur de la surprise ? Faut-il attendre cyniquement que l'armée allemande mate l'insurrection, qu'elle s'y use, mais que l'on puisse reprendre un dialogue sérieux entre professionnels de la guerre sans être encombré par des partisans indisciplinés ? Le martyre de la population vaut-il l'attrition des troupes allemandes ? Faut-il porter secours à la population menacée de décimation par les méthodes des partisans qui ont coutume de la laisser prendre en otage, par de redoutables troupes instruites au combat en zone urbanisée, comme dans toute guerre civile, reportant les responsabilités morales sur les armées régulières par une argutie dont les révolutionnaires sont coutumiers ? Faut-il tout simplement laisser détruire la ville protégée surnaturellement par la grotte de la Madeleine ? Or, l'armée française et ses chefs à cette époque ne tergiversent pas. L'âme de la chevalerie française tranche toujours en faveur de l'honneur, de la veuve et de l'orphelin. Ces valeurs qui font sourire aujourd'hui évitent au général de Lattre de Tassigny d'endosser l'image de Staline à portée de canon de Varsovie. Le maître du Kremlin laisse le général des Waffen SS von dem Bach-Zelewski nettoyer l'insurrection pendant un mois, avant de reprendre l'offensive. En prenant une décision humaine et moralement obligatoire, le chef de l'armée B sait qu'il risque d'indisposer ses officiers vétérans du Rif. Pour eux, les salopards et les dissidents, vocables entrés dans le langage populaire depuis lors, quels que soient leur bord et leur nationalité, doivent être ramenés à la raison avant de reprendre une guerre de grand style. Les troupes de tradition de l'armée d'Afrique répugnent à frayer avec des amateurs qui se complaisent dans les règlements de comptes. Toutefois, la fougue de ces troupes de tradition saura emporter dans son élan les meilleurs éléments de ces supplétifs et les amalgamer.

De Larminat observe avec intérêt les difficultés de De Monsabert

La réduction de la poche de Toulon, particulièrement coriace, interdit tout prélèvement de moyens au profit de l'action du général de Monsabert à Marseille. Pendant toute la durée de l'action, la 1re DMI reste indisponible. Le général de Larminat, dépité de ne pas avoir été désigné comme coordinateur des deux batailles, marque discrètement une certaine jalousie à l'égard de celui qui a soufflé au général de Lattre de Tassigny le projet consistant à les mener conjointement. En quelque sorte, il ne lui déplaît pas de voir son auteur se débattre dans quelques difficultés, quitte à mettre en péril la population et risquer des pertes parmi nos troupes.

Patch dédaigne Marseille et craint les Panzers

À l'échelon du théâtre d'opérations tout entier, le général Patch se désintéresse provisoirement de Marseille, comme un objectif inscrit dans un calendrier plus lointain. Il s'inquiète en priorité de l'apparition de la 11e Panzerdivision à l'ouest d'Aix-en-Provence. Cette ville occupée par le 3e DIUS du général O'Daniel se trouve dans l'incapacité d'enrayer une offensive blindée. Les correspondants de guerre s'apprêtent complaisamment à annoncer à l'opinion et aux familles comment les *boys* vont périr broyés sous les chenilles des monstres d'acier. Patch ordonne donc aux Français de l'armée B de relever cette division américaine et d'élargir la zone d'action jusqu'à la Durance. Cela signifie que tous les moyens que le général de Lattre de Tassigny aurait pu varianter vers Marseille seront absorbés par la mission d'élargissement du théâtre d'opérations que veut Patch. Accessoirement, cela signifie aussi que Patch, comme Ponce Pilate, se lave les mains dans le sang des Français. Tout ce que nos Africains peuvent faire pour le moment revient à placer la 1re DB face à la 11e Panzerdivision. Mais les moyens du général Touzet du Vigier sont limités à une fraction du CC2, dont l'autre partie appuie la 9e DIC sous Toulon. En compensation, elle reçoit la majeure partie du CC1 à dater du 23 août. Seuls deux escadrons du 2e cuirassiers restent à la disposition du général de Monsabert.

De Lattre veut tout : prendre Marseille et casser les Panzers

Le commandant de Laprade constitue un groupement léger qui rassemble quelques détachements des CC1 et CC2. Il s'empare de l'aqueduc de Roquefavour, à l'ouest d'Aix-en-Provence, qui alimente Marseille en eau. En fin de soirée du 22, le CC2 et le 1er GTM font sauter les verrous de Cadolive et de Peypin. Dès le lendemain, les chars sont embossés au nord-est de Marseille. Le général Touzet du Vigier a devancé l'ordre de se tenir prêt à agir, soit vers le Rhône, soit vers Marseille, parce que l'état-major de l'armée B a laissé transparaître l'intention de manœuvre du général de Lattre de Tassigny, qui veut à la fois faire tomber la poche de Marseille et bloquer la 11e Panzerdivision. L'urgence déterminera la priorité dans les heures qui vont suivre, mais demandera aux états-majors une virtuosité inconcevable pour les Américains, et aux troupes une souplesse qui l'est encore plus. Poussant son avantage, le CC1 vient d'atteindre le faubourg Saint-Julien, à l'est de Marseille. L'investissement étant achevé, l'action directe du lendemain va décider si la garnison sera capable ou non de solidifier une situation fluide et d'aménager une Festung irréductible. Le seul espoir des assiégés réside dans la menace que la 11e Panzerdivision fait peser sur les forces alliées, contraintes de distraire un rideau vers le nord, au détriment de la bataille urbaine.

La réduction de la Festung

La journée du 23 août commence sous d'heureux auspices. L'inaction de l'ennemi incite le colonel Chappuis, commandant le 7e RTA, à lancer une avant-garde du CC1, composée d'un escadron du 1er cuirassiers et du I/7e RTA, vers le boulevard de la Madeleine, puis la Canebière. Avant d'atteindre le Vieux-Port, elle se heurte à un tir de barrage infranchissable. Pour bien montrer ses intentions à ses rivaux, à son chef et à l'ennemi, le général de Monsabert installe son poste de commandement au cœur de la place, dans les locaux du quartier général de l'ancienne 15e région militaire de l'armée française avant 1939, dont les locataires en Feldgrau viennent d'être chassés, laissant un désordre indescriptible. Le général de Lattre de Tassigny réagit immédiatement à ce succès. Il ordonne :

– au général de Monsabert d'engager dans Marseille la totalité du CC1, au risque d'hypothéquer les réserves face à la menace que fait peser la 11e Panzerdivision ;

– au général Guillaume d'accentuer la pression que ses GTM exercent sur les faubourgs est et sud-est de la ville ;

– au général commandant la 9e DIC de relever les unités de la 3e DIA, afin de les faire transporter d'urgence vers Marseille.

Profitant du désarroi que provoque cette irruption hardie mais risquée dans le centre-ville, le colonel Chappuis entre en contact avec le général Schäffer, commandant la 244e Infanteriedivision statique. Quelques négligences dues à de mauvaises communications par appareils de transmission ou par agents de liaison ont désorganisé les réactions de la garnison assiégée. L'effet moral produit sur les troupes allemandes par l'irruption des Français est négligeable, mais les insurgés civils exultent. Ces amateurs ne se rendent absolument pas compte de la véritable posture tactique des troupes en présence.

Querelles internes chez les Allemands

Connaissant bien les réactions populaires pour les avoir vécues eux-mêmes dans le cadre des guerres civiles, parfois longtemps après la révolution d'Octobre et la guerre entre Trotski et les armées blanches, les soldats russes et asiatiques anticommunistes brûlent de l'envie de réduire sauvagement les civils armés. Au contraire, Schäffer, conforté par son entourage d'officiers prussiens de tradition, répugne à ces méthodes barbares. Schäffer est un ancien officier de la Reichswehr ; il n'a donc pas connu directement les combats de rue des années 1920 et ignore une règle essentielle de la guerre civile où quatre murs, c'est trois de trop. Un vent de récriminations souffle chez les volontaires orientaux de la Wehrmacht, aussi combatifs mais moins disciplinés, « perinde ac cadaver », que notre Légion étrangère. Il se produit un phénomène classique de guerre sociale (au sens latin du terme) où chaque clan combat sans esprit d'ensemble. Les Allemands abandonnent des quartiers entiers et regroupent les moyens fidèles dans des points d'appui fortifiés, mais dont la taille restreinte les rend vulnérables à l'artillerie. Une entrevue a lieu au fort Saint-Jean entre le général de Monsabert et le général Schäffer, mais elle n'aboutit pas : les tirs reprennent à 19 h 15. Comme à Toulon, deux types de combats ont lieu simultanément. En zone rurale et en périphérie, nos Marocains achèvent l'encerclement par des mouvements amples de points d'appui en points d'appui à réduire. Dans le centre-ville, un lent grignotage permet de réduire les nids isolés de tireurs. Bondissant de maison en maison, ce sont des tireurs isolés qui se livrent des duels à l'arme individuelle, tandis que les blindés répugnent à s'avancer dans le guêpier.

De Monsabert sait qu'il joue contre la montre

La bataille dans la périphérie et dans la ville les 24 et 25 août relève d'une course contre la montre, tandis que la 11e Panzerdivision franchit par des portières flottantes du génie les coupures dont les ponts ont été détruits par les bombardements. Dans la périphérie, le III/7e RTA venant d'Allauch capture 770 prisonniers. Progressant par Les Chartreux et la Belle-de-Mai, il se heurte aux fortifications du Canet et de Racati dans le quartier de la gare Saint-Charles. Il subit des pertes sensibles, dont le commandant Finat-Duclos et le capitaine Gèze, qui sont tués. Dans la banlieue nord, les batteries lourdes de la Kriegsmarine de l'Estaque et le PC de Mourrepiane sont couverts par les ouvrages bétonnés du Fouresta. Cette position fortifiée empêche d'éventuels assaillants de menacer l'artillerie côtière par le carrefour de La Gavotte. Les plans de feux bénéficient d'une extension vers les casemates de la Nerthe. Quatre bataillons incomplets d'infanterie sous les ordres du colonel von Hanstein y ont pris position. Lorsque le combat s'engage, le 1er GTM assiège les casemates de la Nerthe, et le II/7e RTA les ouvrages du Fouresta. Faute de chars et de tanks destroyers, cet assaut d'infanterie sur des positions fortes se solde par de lourdes pertes. Le colonel Rousset, commandant l'artillerie divisionnaire, meurt de ses blessures. Le 1er GTM déplore cent morts pour la seule journée du 24. Toutefois, le 25, nos Marocains tiennent la route de Martigues, dernier chemin de repli de la garnison. Au sud, les 2e et 3e GTM nettoient le massif de Saint-Cyr et de La Gardiole, poussant devant eux les guetteurs et tireurs embusqués chargés de les retarder. Ils débouchent sur la RN 8 le 28. Saint-Loup tombe aux mains du 2e GTM à 20 heures, après une journée entière de combat et reçoit la capitulation du général allemand Boie, de 50 officiers dont 3 colonels, de 1 256 gradés et soldats.

Soldats fous de joie et officiers anxieux

Les journées des 26, 27 et 28 août se placent sous le signe du paradoxe, celui de l'euphorie des combattants de première ligne et celui de l'angoisse des états-majors conscients de la progression de la 11e Panzerdivision. La nervosité s'estompe peu à peu lorsque l'achèvement de la bataille de Toulon et le débarquement de nouvelles unités de réserve générale incitent le général de Lattre de Tassigny à renforcer l'artillerie qui écrase Marseille. Dans de nombreux quartiers, les habitants sinistrés campent dans les ruines, mais préfèrent cet inconfort et ce danger à l'incertitude d'une fuite vers les avant-postes. Les puissants tubes de 155 mm obligent les irréductibles défenseurs à se terrer dans les gravats. Le général de Monsabert a gagné son pari de regrouper la totalité de sa 3e DIA, enfin débarquée au complet et dont les derniers éléments reviennent de Toulon. Après la prise de Saint-Loup, les itinéraires des GTM divergent, le 2e vers le nord, le 3e vers le sud. Nos Marocains ne se posent aucune question, mais leurs gradés savent qu'ils avancent hors de la couverture d'artillerie. Le 2e conquiert l'hippodrome du parc Borély, nettoie le secteur entre

Notre-Dame-de-la-Garde et le Pharo, synchronisant sa progression et alignant ses plans de feux avec le IV/3e RTA. En effet, ce bataillon algérien de l'armée régulière possède des armes collectives de dotation normale, tandis que les supplétifs marocains se contentent de ce qu'ils ont. Ils enlèvent successivement le Château-Talabot, le Vallon-des-Rochers, l'Angélus, l'Endoume, la Réserve-Malbousquet et la caserne Audéoud. Le 27 à midi, l'ennemi est repoussé vers le Vieux-Port. À 17 heures, le fort Saint-Nicolas se rend. Le 3e GTM déferle vers le sud et nettoie le littoral entre le Prado et le cap Croisette. Laissant dans son sillage une foule de cadavres égorgés, le groupe de tabors joue de l'arme blanche. Cette pratique épargne aux gradés la peine de prélever des effectifs pour convoyer des prisonniers, mais les redditions se font si nombreuses qu'il faut organiser des norias. Directement appuyés par l'artillerie navale alliée, les goumiers réduisent successivement Vieille-Chapelle, la Pointe-Rouge et le château de Mont Redon. Unc bataillc d'artillcric s'cngage alors avec les batteries installées dans les îles Pomègues et Ratonneau, pour soutenir la garnison du fort Napoléon qui ne va capituler que le 28 à 9 heures. Le 3e GTM a alors nettoyé toute la côte et capturé 1 500 prisonniers. Les Allemands se demandent s'ils ont bien fait de raser le Vieux-Port pour rendre service à la police française. Ils se rendent compte qu'ils vont manquer d'un précieux dédale de ruelles utiles à un combat retardateur. Pire, ils savent qu'ils vont se trouver encerclés, puisque jamais la 11e Panzerdivision ne pourra percer jusqu'à eux.

Le 27 août, le bastion de la Nerthe capitule à son tour. Au cours de la nuit du 26 au 27, le 1er GTM a reçu en renfort du CC1 l'équivalent d'un escadron blindé, soit deux pelotons de chars et un de tanks destroyers. Cette douzaine d'engins permet aux fantassins d'avancer à l'abri d'un bouclier mobile vers les ouvrages bétonnés. Les casemates des agglomérations de Tante-Rose et du Moulin-du-Diable sont enlevées de haute lutte, mais les ouvrages du Fouresta, les bunkers modernes du Verduron et des Dévots tiennent toujours. Comme il l'avait fait la veille, ses médecins ayant été tués, le colonel von Hanstein demande une suspension d'armes pour faire franchir les lignes à ses blessés afin de les confier à la générosité chevaleresque des Français. À l'occasion de ces pourparlers, le colonel Leblanc, commandant le GTM, en profite pour décrire l'artillerie qui va écraser le Fouresta. Au soir du 27, au poste de commandement de la 3e division d'infanterie algérienne, toujours installé dans l'hôtel de la 15e région militaire, tandis que les factionnaires remettent un peu d'ordre dans les meubles brisés, les tesselles des fenêtres béantes, les archives dans lesquelles les officiers de renseignements essaient fébrilement d'interpréter d'obscurs oracles, de Monsabert dicte ses ordres pour l'assaut final des quais et du port.

Politesses surannées entre guerriers professionnels

Deux parlementaires du général Schäffer se présentent à 20 h 30 pour demander une suspension d'armes de 21 heures à 8 heures afin de mettre au point les conditions de la capitulation avant midi. Les clauses imposent la livraison des armes en bon état, des ouvrages sans sabotage ni pièges, et interdisent toute destruction. Les derniers réduits du fort du Fouresta et du port tombent aux mains des Français. Pour rendre hommage à un adversaire qui a fait son possible pour épargner trop de souffrances à la population et dont les troupes ont combattu aussi vaillamment que les siennes, le général de Lattre de Tassigny autorise le général Schäffer à conserver son arme d'ordonnance. Après le départ du roi Jean, Schäffer, laissé sous la surveillance de FFI, subit des brimades, n'est autorisé qu'à une demi-heure de promenade quotidienne et voit sa ration réduite des deux tiers. Lui qui avait été blessé à Bielgorod et fort heureux de se voir affecté en Provence pour sa convalescence est rattrapé par son destin. Il fait la connaissance des méthodes staliniennes, revues avec l'accent de Marius...

Une infrastructure portuaire plus importante qu'en Normandie

Ainsi s'évanouit le plan d'Hitler de laisser une Festung sur les arrières de ses ennemis en Méditerranée. Avant la guerre, Marseille à elle seule disposait de sept formes de radoub, traitant 20 000 tonnes par jour, et s'enorgueillissait d'être le premier port de mer français et le premier port de Méditerranée. Les Alliés disposent désormais de deux ports plus importants que ceux de Normandie. Malgré les destructions qui retardent quelque peu leur remise en usage instantané, ils peuvent accueillir les premiers liberty ships dès le 15 septembre. En huit mois de guerre vers Belfort, l'Alsace, le Bade-Wurtemberg et la Bavière, ils vont assurer le transit de 18 000 tonnes par jour. 14 divisions vont y débarquer dans les meilleures conditions possible.

Lors de la cérémonie de reddition, quelques protestations s'élèvent dans les rangs des chefs de l'insurrection, qui contestent un geste qu'ils estiment désuet. Le regard désapprobateur des tirailleurs qui adulent leur chef suffit à faire taire la contestation. Comme dit le chant de marche :

> *Les turcos sont de bons enfants* (bis),
> *Mais il ne faut pas qu'on les fâche,*
> *Sans cela, la chose est certaine,*
> *Les turcos deviennent méchants,*
> *Ça n'empêche pas les sentiments,*
> *Les turcos sont de bons enfants.*
> *Tirailleurs couscous* (ter).

La grogne monte jusqu'aux ministres communistes, mais l'immense succès fait taire les jaloux. Lorsque des troupes régulières françaises d'Afrique attaquent une Festung en Méditerranée, elle capitule en quelques jours. Lorsque des troupes régulières américaines assistées par des supplétifs français de métropole attaquent une Festung de l'Atlantique, elle ne capitule sur ordre de l'amiral Dönitz que le 8 mai 1945. Paradoxalement, ce qui eût dû être un sujet de satisfaction pour le chef du gouvernement provisoire ne laisse pas de l'agacer. Comme le dit Mark R. Henry : « Toulon et Marseille tombèrent aux mains des Alliés le 28 août. Par là transita plus de fret que par tous les ports normands réunis, ce qui s'avéra vital pour la progression des Alliés en France. Patch et Patton firent leur jonction près de Dijon le 11 septembre. La 1re armée française et la 7e US Army formèrent le 6e groupe d'armée sous les ordres du général Devers (le 15 septembre) et servirent au flanc sud des armées alliées, progressant en Alsace-Lorraine, en Allemagne et en Autriche jusqu'à la victoire [1]. »

1. Toulon and Marseille fell to the Allies on 28 August. They were soon handling more supplies than all the Normandy ports combined, and proved a logistical life-saver for the continued Allied advance across France. Patch's 7th linked up with Patton's 3rd Army near Dijon on 11 September. The French 1st and US 7th Armies were organized into the 6th Army group under US general Devers (15 September), and served on the southern flank of the Allied armies, advancing through Alsace-Lorraine into Germany and Austria by VE-day.

X

Les réactions allemandes

La surprise

Dès janvier 1938, la police du régime national-socialiste provoque délibérément une crise destinée à franchir les premières étapes visant à mettre sous la coupe de la nouvelle dictature l'armée régulière ayant conservé et cultivé ses traditions frédériciennes malgré les clauses draconiennes du diktat. Les généraux von Blomberg et von Fritsch sont écartés à la suite de scandales manipulés par la police, qui fabrique les preuves, comme toutes les polices du monde savent le faire. Le général Keitel devient ministre de la Guerre, tandis que von Brauchitsch succède à von Fritsch au commandement des armées. Le chancelier s'octroie le titre de commandant en chef de l'ensemble des forces armées et transforme son cabinet militaire en Oberkommando der Wehrmacht, sous les initiales d'OKW. Les questions politiques et administratives concernant les armées de terre, la marine et l'aviation ne comprennent pas dans un premier temps les attributions opérationnelles, mais Hitler et Keitel manifestent très tôt leur intention de transformer cette organisation en état-major général des forces armées.

Au contraire, le haut commandement de l'armée, Oberkommando des Heeres, sous les initiales de OKH, s'oppose fermement à cette intrigue. La caste des généraux de tradition, éduquée dans le culte de Frédéric II le Grand, lectrice de Carl von Clausewitz et de von Schlieffen, se veut l'héritière de l'ancien grand état-major impérial. Tous sont des vétérans de la Grande Guerre. Les titulaires de l'ordre des chevaliers « Pour le mérite » en forment la majorité. Pratiquement tous ont fait leurs études en internat à Berlin-Lichterfelde, dans la prestigieuse école des cadets. Les clauses de Versailles en 1918, très lucides, ont supprimé la matrice (la *Kadettenschule*) et la tête pensante du système militariste prussien (le grand état-major). Aussi, l'OKH, très fier à la fois d'avoir un ancêtre prestigieux et d'avoir survécu à la semi-clandestinité dans la Reichswehr de 100 000 hommes, voit-il d'un mauvais œil l'OKW tout neuf, composé d'autodidactes, empiéter sur ses prérogatives. L'OKH bénéficie de l'appui intéressé et inattendu de deux alliés : le haut commandement de la Kriegsmarine dédaigneux à l'égard des terriens ignorants (abusés par la projection de Mercator pendant l'opération Barbarossa) et l'appui personnel de Goering très jaloux de ses prérogatives.

Un tel panorama du sommet de la hiérarchie militaire remet en doute cinquante années d'historiographie qui présentent le IIIe Reich comme une dictature monolithique. Il y aurait plus à dire encore dans les tensions terribles au sein de la NSDAP, que la Nuit des longs couteaux a plus exacerbées que tranchées. Le plus célèbre stratège du XXe siècle, un sujet britannique, s'en rend compte au tout début de la guerre froide. Sir Basil Liddell Hart recueille en 1948 le témoignage du général Blumentritt, alors détenu par les Alliés : « Les documents ne constituent pas un élément probant pour l'Histoire : les hommes qui signent des ordres pensent souvent le contraire de ce qu'ils écrivent. Il serait insensé de tirer des documents recueillis par les historiens dans les archives une indication valable sur les pensées réelles de certains personnages (...) Le national-socialisme et le bolchevisme présentaient beaucoup d'analogies. Parlant un jour au milieu de quelques intimes, en présence du général Halder, le Führer observa qu'il enviait à Staline la possibilité d'employer à l'égard des généraux obstinés des moyens plus radicaux que ceux dont lui-même disposait. Il mentionna encore l'épuration effectuée avant la guerre dans le haut commandement de l'armée Rouge : il admirait les Soviets de posséder une armée et des généraux tellement imprégnés de l'idéologie obligatoire qu'ils agissaient avec un ensemble parfait, sans discuter, tandis que l'état-major général allemand n'était pas animé d'une foi aussi fanatique envers le national-socialisme. "Ils ont des scrupules, présentent des objections et ne me sont pas assez fidèles." Au cours de la guerre, Hitler se livrait de plus en plus souvent à des réflexions de ce genre. Les hommes de la caste qu'il méprisait étaient encore utiles, car il ne pouvait se passer d'eux pour exécuter ses ordres, mais il les surveillait toujours plus étroitement. Ceci explique pourquoi la plupart des ordres et rapports ont un double visage. Un ordre ne reflète pas souvent l'opinion de son signataire, qui devait y apposer sa griffe sous peine de subir certaines conséquences trop bien connues. Les psychologues et les historiens qui étudieront cette guerre devront accorder une attention particulière à ce facteur (in *Les Généraux allemands parlent*, Stock, 1948).

C'est dire si l'OKW et l'OKH au moment du débarquement de Provence sont en pleine effervescence et encore sous le choc de l'attentat du 20 juillet 1944. La surprise est totale quant au site exact du débarquement. Le cumul des précautions a rendu illisible l'intention des Alliés. Observant un secret absolu, rien n'a transpiré malgré les espions en Italie. Les trois opérations de déception (la feinte vers Gênes, les deux diversions vers Nice et La Ciotat) ont gravement perturbé les analystes du renseignement. À la 19e armée, le général Wiese demeure dans l'incertitude jusqu'à l'aube du 15 août. Ses grandes unités ne sont jetées dans la bataille qu'après le déclenchement de l'assaut et la réussite du débarquement. Il ne rameute ses renforts en dégarnissant le Languedoc et Marseille que sous le contrôle total du ciel par l'aviation alliée. De minuit à l'aube du 15 août, pratiquement minute par minute, les comptes rendus ont afflué en Avignon, au PC de la 19e armée.

L'interrogatoire du général Neuling

Après la fausse alerte de La Ciotat, l'état-major du 62e corps d'armée annonce le largage de parachutistes au sud de Draguignan. Les radars Würzburg, du moins ceux qui fonctionnent encore en dépit de dix jours de bombardement, détectent une activité navale intense au large des côtes de Saint-Tropez. L'aube se lève à peine que la chaîne de commandement se trouve paralysée, lorsque tous les PC subissent un bombardement, en Avignon, à Aubagne, Besse, Brignoles, Grasse, Taillades, confusion aggravée par les forces spéciales et les troupes aéroportées. Le général Neuling, commandant le 62e corps d'armée, doit abandonner précipitamment son PC de Draguignan, menacé par le largage des parachutistes, dont il connaît la progression dans sa direction, grâce aux agents de liaison, sa dernière possibilité de garder un contact de proximité avec les unités de secteur. Tous les services d'état-major se repliant derrière leur chef, c'est la coordination tout entière du corps d'armée qui se trouve paralysée. Il est finalement capturé le 18. Son interrogatoire confirme que son attention a été troublée par les opérations de déception. Il précise bien ce que les Alliés ont constaté sur le champ de bataille. Ayant déplacé d'est en ouest une partie de ses réserves pour y parer, il a négligé de placer en état d'alerte les unités statiques entre Toulon et Cannes. Pire, il avait l'intention de roquer des unités afin de ne pas découvrir les secteurs que ses réserves venaient de quitter.

Le Far West en Provence

La force de la discipline prussienne reprend le dessus dans des unités dispersées qui se regroupent spontanément en Kampfgruppe. Prêtes à s'exfiltrer des poches d'encerclement, les colonnes s'organisent. Les équipes de destruction enclouent les pièces lourdes et s'offrent parfois le luxe de les garnir de quelques pièges, des Bobbie's traps. Laissant des monceaux d'épaves et de bûchers où se consument les équipements pondéreux, les troupes statiques chargent sur les attelages hippomobiles le matériel susceptible d'être évacué. Les gradés dans les convois organisent les tours de surveillance pour le guet aérien, afin de riposter au moins aux attaques en basse altitude à défaut de pouvoir réagir aux bombardements lourds. Progressant en secteur peu sûr, les éclaireurs se méfient des harcèlements légers des partisans, mais ces derniers sont généralement moins mordants que sur le trajet de la division Das Reich dans la Corrèze. Très vite, les colonnes en retraite se rendent compte que le vrai danger vient des troupes fraîchement débarquées qui talonnent l'arrière-garde et qui essaient de garder un contact permanent. Les volontaires orientaux retrouvent dans ces conditions les qualités guerrières tribales qui sommeillent dans tout homme d'Asie centrale. Ils décrochent en perroquet, se couvrant mutuellement dans un vrai jeu de piste où sifflent les balles, faisant payer aux Alliés leur tribut de peur, de sueur et de sang à chaque pas. Parfois le désarroi change de camp devant un ennemi insaisissable, habile à profiter des moindres rochers, des plus infimes virages de la route, pour embusquer des tireurs qui savent qu'à l'obstacle suivant, un camarade va ouvrir le feu pour couvrir leur décrochage. Les coureurs de bois de Biélorussie, les braconniers des marais de Pripet, les Cosaques ayant survécu à cent massacres mènent une vie d'enfer aux Alliés. Il faut nos chasseurs de chacals de l'Atlas pour leur tenir tête, plus hardiment que de braves fermiers du *corn belt* ou des ouvriers de Seattle déguisés en *olive drab*.

L'ennemi bat en retraite méthodiquement, comme sur le front de l'Est, mais les troupes statiques de la Côte d'Azur n'ont pas la souplesse de celles qui errent dans l'immensité sinistrée de Russie. Pour comble de malchance, vers 11 h 30, l'état-major du groupe d'armée G perd tout contact avec la Provence. Pour se consoler de ce déboire, le général Blaskowitz peut au moins se dire que tout danger est désormais écarté sur le front entre la Bretagne et Hendaye. Après avoir rendu compte au quartier général du front Ouest à Saint-Germain-en-Laye, celui qui dirige l'ensemble des opérations en Europe de l'Ouest, il fait transporter ses propres organes de commandement en Avignon. Avant de partir, il ordonne aux garnisons du golfe de Gascogne qui ne sont pas encore au contact de l'ennemi ni encerclées dans des poches de faire mouvement vers la Provence. De longues colonnes de piétons, de cyclistes, de voitures hippomobiles qui ressemblent aux chariots du Far West, quelques rares véhicules à moteur, les yeux braqués vers le ciel menaçant, s'ébranlent vers l'est. Martèlement des bottes cloutées, impedimenta tintinnabulant, crosse du mauser qui heurte l'étui métallique du masque à gaz, abondante transpiration qui transforme la vareuse en abrasif sur la peau, l'ambiance n'est plus à la Blitzkrieg ni aux fières chansons qui rythmaient la marche des orphéons triomphants. Qui parmi ces vétérans d'une autre guerre, ces jeunes gens et ces volontaires orientaux a connu l'ivresse des victoires antérieures à 1942 ? Les héros photogéniques de propagande et les modèles de sculptures d'Arno Breker sont tous morts. Parmi ces cohortes d'un empire crépusculaire, combien rencontreront leur destin avant d'arriver en Provence ?

« Le jour le plus sombre de ma vie », s'exclame Hitler le 17 août

Il se résout à donner l'ordre d'évacuer la France. Il faudra bien un jour admettre l'inacceptable, à savoir que le véritable auteur de la délivrance de la France, c'est son oppresseur en personne, celui-là même qui laisse derrière lui ces poches de l'Atlantique bien destinées à montrer que chacune d'entre elles remporte une victoire locale par sa seule existence. Les paradoxes inadmissibles ne s'arrêtent pas là. Staline en personne peut aussi être indirectement considéré comme le bienfaiteur de notre pays, lui qui ordonna aux communistes de renoncer à la prise du pouvoir par la force. Le maréchal Staline alla même jusqu'à demander au gouvernement provisoire pourquoi il ne faisait pas fusiller Thorez pour désertion.

En ce 17 août, à l'Oberkommando der Wehrmacht, les messages affluent, brefs et catastrophiques. La tanière du loup en Prusse-Orientale cherche à établir la liaison avec von Kluge, commandant le front Ouest, pour lui signifier l'ordre de repli. Les rédacteurs d'état-major s'appliquent à calculer d'urgence, avec les faibles paramètres dont ils disposent, les plans qui permettraient de sauver l'une de ces précieuses divisions blindées impossibles à remplacer lorsqu'elles sont perdues, la 11e Panzerdivision. Celle-ci se heurte à l'impossibilité de franchir rapidement le Rhône, les six ponts échelonnés depuis l'embouchure jusqu'à 50 km en amont vers le nord ont sauté. Sous un harcèlement ininterrompu, la division perd cinq jours à franchir la coupure par bacs. Elle doit renoncer à s'approcher de Marseille, mais réussit une manœuvre exemplaire, digne des grands exercices de l'École supérieure de guerre, pour couvrir la retraite de la 19e armée dans la vallée du Rhône. Cette affaire ayant été étudiée en 1966 par l'École supérieure de guerre à Paris, nous y reviendrons un peu plus loin.

L'armée allemande réduite à la défensive

Dès le début, l'état-major allemand est pris au dépourvu. Le 15 août, le PC du groupe d'armée G est transféré en Avignon. Le général Warlimont, chef du Wehrmachtführungsstab, bureau des opérations à l'ouest, est chargé de préparer les ordres. Il apprend le premier de Jodl que Hitler, sortant de son mutisme, accepte le repli de l'armée allemande hors de France. Sous la menace d'un coup de main, le PC du groupe d'armée G doit décrocher de 40 km vers le nord à Pierrelatte le 19 août. Le 21, devant organiser la défense mobile et les différents axes de reflux, il s'installe à Lyon mais n'a guère le temps de rétablir les liaisons. Tout ce qui a pu être évacué ayant transité par la vallée du Rhône, il décroche vers Dijon le 23, déjà prêt à s'esquiver vers la trouée de Belfort. Il n'a pas un instant de répit pour se remettre de la déstabilisation de ses services qui remonte au 16 août. Ce jour-là, à 5 h 30, il estime que les Américains orientent leur effort principal vers Brignoles. Intervenant directement dans le domaine des prérogatives de son groupe d'armées local, l'OKW ordonne que la 148e ID, Infanteriedivision, soit dirigée vers le front d'Italie, lui retirant la mission de barrer la route Napoléon jalonnée par Grasse, Digne, Sisteron et Grenoble. Les Allemands estiment possible une diversion sur Toulon. Ne sentant peser aucune menace sur Marseille, ils prélèvent une partie de la garnison pour lui faire prendre une posture de contre-attaque. C'est pourquoi la 198e ID quitte Montpellier pour la vallée du Rhône.

L'intuition de Blaskowitz

Avec un flair remarquable, à 18 h 20, le général Blaskowitz estime que l'ennemi va encercler successivement Toulon et Marseille. L'OKW interfère à nouveau dans les attributions des circuits de commandement locaux plus au fait de la situation réelle. Le grand quartier général ordonne le 17 le repli général derrière la ligne des coupures formées par la Seine, l'Yonne, les crêtes de Bourgogne. Cet ordre ne s'applique ni à la 19e armée, ni à certaines places fortes du littoral de l'Atlantique. Une analyse menée en 1967 par l'École supérieure de guerre française conclut : « Décision extraordinaire, en contradiction avec l'échec de la contre-attaque de Mortain et la fermeture de la poche de Falaise, en Normandie. » Certes, cette observation ne manque pas de pertinence. L'expert et professeur qui en est l'auteur, le colonel Devautour, manque à cette époque d'éléments d'archives autorisées ultérieurement à la consultation au profit de sir David Chandler, son homologue à Sandhurst. Il semble aujourd'hui que cela n'ait rien de particulièrement extraordinaire pour plusieurs raisons :

– 1re raison : le front de Normandie vient de se stabiliser sur la rive droite de la Seine. Dès lors, les meilleures unités, fermement décidées à se frayer un chemin par tous les moyens, s'exfiltrent de la poche de Falaise ;

– 2e raison : les poches de l'Atlantique sont en cours de formation. S'appuyant sur les bonnes troupes de l'artillerie navale et des fusiliers marins, épaulés par des divisions statiques sans valeur dans une guerre de mouvement, les commandeurs des poches font jalonner les débris de troupes qui mènent des combats retardateurs ;

– 3e raison : pour une fois, Hitler et ses généraux traditionalistes sont d'accord pour reconnaître deux qualités fondamentales au soldat allemand : celle de pouvoir reconstituer un Kampfgruppe hétéroclite, regroupé autour d'un chef de bande, capable de mener un combat retardateur efficace ; celle de pouvoir s'enfermer dans une Festung, survivre dans la pénurie au milieu des blessés, sans espoir de percée, comme au temps de Kolberg et de Dantzig pendant les guerres napoléoniennes, comme pendant les combats de la Baltique des années 1920, à une époque où ces généraux étaient de jeunes officiers subalternes. Tous sont animés par « l'esprit de Riga », décrit par Ernst von Salomon et Ernst Jünger, deux écrivains suspects aux yeux des nationaux-socialistes ;

– 4e raison : chaque poche recueille des troupes inaptes à fournir un effort en rase campagne, tout juste bonnes à capituler, considérées comme déjà perdues, mais qui retrouvent une posture de combat statique dans leur Festung d'accueil. Chacune fixe une garnison alliée assiégeante qui prive le front principal de ladite force. Toute Festung, même si elle capitule avant le 8 mai, représente déjà une victoire pour Hitler, qui accepte cyniquement de sacrifier ses soldats isolés. Clausewitz a dit : « Un succès militaire ne peut pas résoudre un problème politique » ;

– 5e raison : en Normandie, l'échec de la contre-attaque de Mortain et la fermeture de la poche de Falaise ne peuvent que confirmer la décision de l'OKW, ulcéré d'avoir perdu en rase campagne des troupes d'élite composées de parachutistes et de blindés dans l'une, des troupes plus médiocres mais utiles aux places fortes dans l'autre ;

– 6e raison : à la date du 17 août, l'OKW n'est pas encore absolument persuadé que le risque d'un débarquement en Aquitaine est totalement dissipé. En revanche, la crise de nerfs de Hitler ce jour-là se traduit par une décision extraordinaire, celle-ci assortie d'inévitables hésitations. « Le jour le plus sombre de ma vie », dit-il ;

– 7e raison : l'intention du commandement apparaît très nettement pour que la 19e armée remplisse trois missions, celle de jalonner l'envahisseur tout en recueillant des renseignements, celle de favoriser la consolidation des places fortes de Toulon et de Marseille, celle de favoriser la manœuvre de la 11e Panzerdivision. En effet, cette précieuse division, qui échappe aux prérogatives de la 19e armée et dépend directement de l'OKW, doit à la fois retarder l'ennemi, obturer la vallée du Rhône, couvrir le repli vers Lyon, échapper aux poursuivants.

Par conséquent, le général Blaskowitz forme face à l'est une ligne fortifiée d'urgence avec des moyens légers, passant par La Roquebrussanne, Brignoles et Barjols. Il veut ensuite raccorder la continuité de ce front avec Marseille en aménageant la région de Roquevaire, selon une ligne passant par Saint-Zacharie, Pourrières, Rians, Saint-Paul-lès-Durance et le cours de la Durance. Le général Wiese, commandant la 19e armée, détache au profit du 85e corps d'armée la 242e ID de Toulon, la 198e ID de Narbonne, des éléments de la 189e ID de Montpellier, et obtient l'appui de la 11e Panzerdivision. Ces troupes doivent converger au sud de la Durance. Enfin, Wiese réclame le retour d'urgence de la 157e ID partie en Italie, celle qui était initialement chargée de nettoyer les maquis dans la région de Grenoble. Établir une ligne fortifiée signifie en réalité aménager rapidement des points d'appui et des tranchées qui ressemblent à ceux de la Grande Guerre, sans béton, mais avec des étais de bois et des sacs à terre. Faute de pouvoir tracer une ligne continue d'ouvrages fortifiés, les troupes s'enterrent dans les positions sur lesquelles elles campent, en calculant des plans de feux qui se croisent là où elles ne peuvent pas creuser des retranchements.

« Désormais, vous ne recevrez plus aucun ordre »

Le 18 août à 11 heures se produit un coup de théâtre. Le général Blaskowitz reçoit l'ordre de repli de la 19e armée. En sont exclues les garnisons de Marseille (244e ID) et de Toulon (242e ID) qui doivent défendre ces places fortes jusqu'à la mort, exactement comme la pointe de Grave, Royan, Saint-Nazaire, Brest, Lorient... Il communique cette décision en insistant sur l'extrême urgence de la retraite, en ajoutant : « Désormais, vous ne recevrez plus aucun ordre. » L'ensemble des forces, à l'exception des deux divisions citées, se replie par la vallée du Rhône en menant un combat retardateur, par des bonds de 25 kilomètres d'amplitude environ. Cette distance est justifiée par la capacité physique des fantassins marchant à une vitesse moyenne de 5 kilomètres à l'heure de monter des embuscades à intervalles rapprochés, de couvrir le décrochage des embuscades précédentes, de manœuvrer en tiroir pour éviter de s'encombrer de traînards qui encombrent les plans de feu, pour laisser le temps au Troß, train hippomobile, qui avance à la vitesse de 4 kilomètres à l'heure sans épuiser les chevaux, de laisser des délais de sécurité aux artificiers qui fignolent les Bobbie's traps, surprises réservées aux avant-gardes imprudentes et trop curieuses. Les étapes prévues pour se ravitailler en munitions, en alimentation pour les hommes et les attelages, sont programmées en Avignon pour le 24 août, à Valence le 30 et Lyon le 5 septembre. Le plan de repli prévoit une ligne de recueil passant par Les Laumes, Dijon et la frontière helvétique au sud de Pontarlier. Seul le 62e corps d'armée, composé des 148e et 157e ID, doit chercher à s'exfiltrer par les Alpes vers l'Italie. Ce plan général finit par être exécuté sans encombre, bénéficiant d'une organisation rigoureuse, d'une réelle volonté des troupes de ne pas capituler, d'une combativité exemplaire de la part des volontaires orientaux, d'une négligence de l'aviation alliée, des hésitations de Patch, de la volonté des Alliés de privilégier l'invasion venue de Normandie, du raccourcissement des pénétrantes de la logistique allemande au fur et à mesure que le front se rapproche du Vaterland, des maquis qui préfèrent agiter les brassards et les armes après le départ de l'occupant. Les Alliés les utilisent tout de même pour des actions marginales, dans l'interstice du dispositif entre les Allemands qui vont vers Lyon et ceux qui vont vers l'Italie, en variantant un maquis le 5 septembre dans Saint-Jean-de-Maurienne.

La 19e armée se rétablit sur la ligne passant par Nîmes, Arles et Cavaillon. Entre le 23 et le 29 août, la 11e Panzerdivision enfin opérationnelle profite de l'appui d'infanterie que lui procurent les 198e et 338e ID pour livrer des combats de coups d'arrêt à Montélimar, Livron et sur la rive gauche du Rhône. Exécutant une mission identique, la 2e Panzerdivision recueille le 85e corps d'armée sur la Drôme. À la fin du mois d'août, la situation stratégique générale sur le front de l'ouest s'est considérablement modifiée. Les Alliés, constitués du 21e groupe d'armées britannique et du 12e groupe d'armées américain, viennent de franchir la Seine entre Elbeuf et Troyes. À droite du dispositif, la 3e armée US commence le franchissement de la Marne. Dans une nasse infranchissable, les Allemands du centre et du sud-ouest de la France sont en passe d'être coupés de leurs arrières. Il leur reste en tout et pour tout la trouée de Belfort, une voie de retraite aussi étroite que l'était le « Couloir de la mort » de Montormel, goulot d'étranglement à la sortie de la poche de Falaise. Cette trouée donne accès à l'Alsace et au Rhin, coincée entre la frontière helvétique et les Vosges, cette fameuse « ligne bleue » chère au poète Maurice Barrès.

Au moment où les Alliés arrêtent leur offensive le 15 septembre, le groupe d'armées G tient encore les Vosges sur le versant lorrain. Puis, le 21 septembre, le général des Panzertruppen, Hermann Balck, remplace Blaskowitz. Ce dernier recouvre son commandement le 24 décembre, mais entre-temps, sa 1re armée a dû faire retraite dans le sud-ouest de l'Allemagne dès le 15 décembre. En janvier 1945, il absorbe les débris du Heeresgruppe Oberrhein, le groupe d'armées du Haut-Rhin, qui avait été formé en novembre 1944 à partir d'unités en cours d'instruction, de vieux miliciens du Volksturm, d'adolescents des Hitlerjugend. N'ayant pas pu franchir le Rhin, restée sur ordre dans Colmar, la 19e armée tient une poche qui ne capitule que le 9 février 1945, dernier réduit du territoire français occupé.

XI

La 7e armée franco-américaine exploite la percée après la prise de Toulon et de Marseille

Mission de l'armée B

Que serait-il advenu de l'armée B sans la confiance que lui voue son chef, le général de Lattre de Tassigny ? Il sait quelle gloire entoure l'armée d'Afrique, elle qui ne connaît que la victoire ou qui se fait tuer sur place, comme à Camerone en 1863, à Wœrth en 1870 et sur le canal de l'Ailette en 1940. Il a observé attentivement ses exploits en Italie dans le corps expéditionnaire commandé par Alphonse Juin. Mais il lui a fallu courir un quintuple risque.

Le premier consiste à prendre en compte des troupes différentes, comme la 1re DFL, devenue 1re DMI, qui ne cachent pas leurs dissensions avec les troupes de tradition ; y associer la 9e DIC et l'armée d'Afrique, même si la rivalité entre les coloniaux et les Nord-Africains est moins vive que leurs rancunes accumulées depuis quatre ans à l'égard des FFL ; envoyer au feu des légionnaires qui gardent un mauvais souvenir de leur guerre interne en Syrie.

Le deuxième revient à renoncer à exiger que la 2e DB lui soit confiée. Il se prive ainsi du tiers de son potentiel blindé. Cette décision très grave équivaut à accepter le combat à armes égales avec les deux divisions de Panzers qui se trouvent en Provence avant Anvil. Nul n'étant exempt de faiblesses ou de lacune, le général de Lattre de

Tassigny ne connaît rien à l'arme blindée. Sait-il seulement que les Sherman n'ont aucune chance face aux Panzers IV ? Que dire des TD légers, les *tanks destroyers*, à bord desquels nos garçons à peine sortis des Chantiers de jeunesse vont risquer leur vie, qui ont été mis à la réforme par les Américains ?

Le troisième le conduit à accepter de commander des hommes qui vouent un véritable culte au général Alphonse Juin, fils de gendarme d'Afrique du Nord, donc un des leurs. Savoir emporter l'adhésion des hommes est le principal défi lancé à tout gradé à partir du grade de caporal.

Le quatrième tient de l'inconscience. Il renonce à monter un exercice amphibie préparatoire, alors que les troupes débarquées en Normandie ont répété machinalement les gestes de leur débarquement. Dans l'armée française, seuls les fusiliers marins de la Marine nationale, *La Royale*, possèdent un héritage historique de l'assaut amphibie. Encore faut-il remarquer qu'ils ne savent le faire qu'en effectif très limité avec les embarcations de sauvetage des navires de haute mer, inaptes à servir de barges. Cela ne devait pas empêcher le drame subi par le groupe naval d'assaut du capitaine de frégate Sériot devant la pointe de l'Esquillon.

Le cinquième possède une dimension de politique internationale. Le général de Lattre doit surmonter la méfiance des Alliés à l'égard des Français qu'ils considèrent comme des amateurs et des vaincus, auxquels ils ne veulent confier que des missions statiques. Déployant une énergie et une foi dans la victoire qu'il communique à ses plus modestes troupiers, le roi Jean parvient à sortir l'armée B du rôle mineur pour laquelle elle était programmée.

La posture stratégique pour remonter la vallée du Rhône vers l'amont

Après avoir fait leurs preuves sous Toulon et Marseille, les Français reçoivent le 25 août du général Patch leur ordre d'opération n° 3. En diffusant cette directive depuis Brignoles où il s'est installé, le général en chef indique clairement son intention de construire une ligne de front continue, mobile, articulée en fonction de la géographie, de nature à repousser les forces allemandes les plus agressives, capturer les plus affaiblies, tendre la main aux Alliés venus de Normandie afin de joindre la ligne de front. Il considère qu'il n'existe plus de risque important de voir se construire une Festung isolée dans l'arrière-pays, pour deux raisons majeures. La première réside dans l'absence d'une ville fortifiée de valeur suffisante pour se reconvertir en poche. Il n'existe en effet que des étapes et dépôts d'intendance, riches certes, mais incapables de soutenir un siège. La seconde s'inscrit dans la crise du moral de l'armée allemande, sérieusement ébranlé après Stalingrad. Seules les villes de Lyon et de Metz pourraient éventuellement servir de réédition de la bataille de Verdun de 1916, mais la ceinture de forts date de Séré de Rivières dans l'une, de von Moltke dans l'autre. Ce n'est qu'à la fin de l'année 1944 que l'armée allemande décide d'enfermer des garnisons dans Riga, Königsberg et Breslau. Les experts autour du général Patch ayant fait cette analyse font signer à leur chef les ordres et détails déduits de cette intuition. Le 6ᵉ corps d'armée américain chargé de la poursuite devra :

– bloquer la vallée du Rhône sur le parallèle de Montélimar ;

– dépêcher des reconnaissances vers Roanne et Le Puy ;

– se maintenir sur la ligne formée par le col de Larche, Briançon et Les Échelles jusqu'à sa relève par l'armée B.

Achevant la conquête de Toulon et de Marseille, l'armée B devra :

– à l'est, en montagne, relever les unités américaines ;

– à l'ouest, dans la vallée du Rhône, s'emparer des sites possibles de franchissement des coupures dans la région d'Arles, pousser des reconnaissances vers Nîmes, Remoulins et la rive ouest du Rhône.

Le général de Lattre de Tassigny force une seconde fois la main de Patch

La mission confiée aux Français en montagne dissimule une humiliation. La mentalité américaine de l'époque tend encore à considérer nos troupes comme des amateurs folkloriques auxquels il ne faut confier que des missions de supplétifs. Le spectre de 1940 plane encore, malgré les prodiges des nôtres à Pont-du-Fahs, monte Cassino, la Corse et l'île d'Elbe. Il est vrai que les querelles politiques internes entre Français ne plaident guère en faveur de leur audience internationale, également parce que ces derniers exploits au crédit de l'armée d'Afrique occultent les deux actions controversées de la Syrie et de Bir Hakeim. S'il est bien une certitude, c'est que les Américains ne consentent à confier à leurs auxiliaires que des missions de nettoyage à l'échelle locale et statique. Le général de Lattre de Tassigny ne saurait se satisfaire d'un rôle aussi obscur. Après Toulon et Marseille, il force une seconde fois la main de Patch et obtient cette mission à l'ouest du Rhône. Il est vrai qu'elle soulage le 6e corps, à la merci de deux mouvements imprévisibles. Venues du centre et de l'ouest de la France, il est possible de voir surgir des colonnes en retraite, aussi organisées que celle de Botho Elster, menacer le flanc gauche qui progresse vers le nord. L'autre mouvement fâcheux pourrait prendre la forme d'une contre-attaque allemande par leurs garnisons en provenance de Septimanie qui, elles aussi, remontant vers le nord dans la foulée de la 11e Panzerdivision, couperaient les arrières alliés.

Patch cède sous l'impatience du général de Lattre de Tassigny

Les tractations entre Patch et le chef de l'armée B prennent un ton aigre-doux. Trois jours après l'ordre d'opération n° 3, le 28 août, le comportement du roi Jean tourne au refus d'obéissance – très controversé, il suscite de violentes critiques tout au long de sa période de commandement, dont celle du général de Vernejoul dans *L'Autopsie d'une victoire* – ; Patch cède à la pression par l'ordre n° 4, précisant la mission de simple flanc-garde dévolue à l'armée B le long des Alpes et du Jura jusqu'à Besançon. Il concède deux exceptions majeures, l'une qui reconnaît l'utilité de prélever un groupe de reconnaissance à l'ouest du Rhône, l'autre qui consiste à ne pas relever la division aéroportée dans les Alpes. Pour cela, le général de Lattre de Tassigny n'hésite pas à employer des arguments frappants quoique peu élégants. Il rétorque à Patch qui constate le faible équipement de nos Africains que, avec sa dotation légère, les parachutistes américains ne valent guère mieux. Il sait trouver les formules caustiques qui emportent les imaginations. N'appelle-t-il pas les chars la « blindaille », une sorte de ferraille caquetante qui fait plus de bruit que l'infanterie, la « piétaille », mais rend moins de services et coûte beaucoup plus cher ? Beaucoup lui ont reproché ces formules à l'emporte-pièce, masquant derrière des mots de tragédie ou des lazzis la nostalgie d'un monde défunt. Nul ne peut lui contester la foi ardente qu'il voue à son armée B, la future 1re armée, qui ne sera jamais suivie d'une seconde du nom. Profondément lassé par les foucades de son bouillant subordonné, absorbé par la conduite des opérations principales vers Lyon, Patch se désintéresse des reconnaissances à l'ouest du Rhône au fur et à mesure que s'efface le spectre d'une contre-offensive allemande sur son aile marchante. Pendant ce temps, sous les ordres du général Touzet du Vigier, la 1re DB et la 1re DMI forment une reconnaissance qui franchit le Rhône en trois points : Arles, Vallabrègues et près d'Avignon. Ces trois colonnes maintiennent leur cohésion et foncent respectivement vers le Languedoc, Montpellier et Béziers. Toujours articulées en triptyque, elles remontent vers Saint-Étienne le 1er septembre et Lyon le 3 septembre. Sur la rive est du Rhône, la 3e DIA marche sur Grenoble, et les tabors sur Briançon, suivis de la 2e DMI qui débarque le 25 août à Cavalaire-sur-Mer.

L'armée française a-t-elle connu son « jour le plus long » en Provence ?

Du 3 au 12 septembre, la bataille de Bourgogne donne accès à la trouée de Belfort et aux contreforts sud des Vosges. C'est alors que l'armée B change officiellement de nom. En contrepartie, la 1re DMI, division motorisée d'infanterie, retrouve son nom de 1re DFL, division française libre, qu'elle n'a jamais quitté dans la pratique. Après la jonction en Bourgogne des armées respectivement venues de Normandie et de Provence, la 2e DB rejoint ses camarades. L'armée B, devenue la 1re armée à deux corps d'armée, vient de parcourir 700 kilomètres en talonnant l'ennemi. Prête à livrer la bataille des

Vosges et de Belfort, elle va connaître les mêmes sites que les chasseurs du Vieil Armand (Hartmannswillerkopf) en 1915 et ceux de l'inflexible colonel Denfert-Rochereau en 1870. Intégrée à la 7e armée américaine dans le 6e groupe d'armées, la 1re armée française vient de rendre à la France son rang de puissance militaire, auréolée par la gloire des campagnes de Libye, de Tunisie, d'Italie et de Provence, par-delà les clivages, voire les drames de Syrie et de Dakar. Ceux-ci persistent, mais l'ivresse de la victoire anesthésie bien des rancœurs, y compris la prudence politique du gouvernement provisoire d'appliquer la conscription en métropole. L'une des lourdes conséquences de ce choix fait que dans la population française aujourd'hui, peu de gens savent que c'est en Provence, et non en Normandie, que l'armée française a connu son « jour le plus long ».

Annexes

Chronologie de faits directement liés à Dragoon

24 juin 1940 : Dans une atmosphère de confusion, l'amiral de Penfentenyo livre un combat de sacrifice symbolique de la dernière heure à Lorient pour soutenir les négociations du général Huntziger à Rethondes. Le jour même, au *Bulletin officiel des armées*, Weygand annonce que de Gaulle est cassé de son grade provisoire et l'admet à la retraite pour motif disciplinaire, avec le titre et la solde de colonel.

3 juillet 1940 : l'amiral Sommerville, de la Royal Navy, fait bombarder Mers el-Kébir en causant la mort de 1 300 marins français, principalement des inscrits maritimes oranais. Une vague d'anglophobie se répand dans l'opinion d'AFN.

23 septembre 1940 : la Royal Navy attaque Dakar. Comme les FFL représentent 1 % des forces, Churchill leur interdit de débarquer et de se doter d'une assise territoriale indépendante.

22 octobre 1940 : début de l'entrevue de Montoire-sur-le-Loir. Le président Pierre Laval la commenta en 1941 : «Je ne connaissais pas le chancelier Hitler. Je ne parle pas allemand. Le chancelier ne parle pas français. Mais je défendais ma patrie. Il pensait à la sienne. Nous sentions de même et nous avons fini par parler le langage nouveau d'Européens.» Hitler décrivit Laval à Mussolini comme un «homme politique typiquement démocratique, qui au fond ne croyait pas un mot de ce qu'il disait mais agissait sous la contrainte de la nécessité de collaborer avec l'Allemagne».

24 octobre 1940 : entrevue des deux chefs d'État. Le Maréchal déclare à la radio le mercredi 30 : « Cette première rencontre entre le vainqueur et le

vaincu marque le premier redressement de notre pays. C'est librement que je me suis rendu à l'invitation du Führer. Je n'ai subi aucun diktat, aucune pression. Une collaboration a été envisagée entre nos deux pays. J'en ai accepté le principe. Les modalités en seront discutées ultérieurement. (...) C'est dans l'honneur et pour maintenir l'unité française, une unité de dix siècles, dans le cadre d'une activité constructive du nouvel ordre européen que j'entre aujourd'hui dans la voie de la collaboration. Cette politique est la mienne. Les ministres ne sont responsables que devant moi. C'est moi seul que l'histoire jugera. »

18 novembre 1940 : départ du général Weygand pour l'Afrique. Pétain lui ordonne secrètement de préparer l'armée de la revanche.

26 mai 1942 : Molotov signe l'alliance anglo-soviétique.

8 novembre 1942 : invasion alliée en AFN. Les troupes françaises de souveraineté tentent de s'y opposer. Deux groupes activistes favorisent le changement de pouvoir. L'un est animé par le professeur Aboulker, de la faculté de médecine d'Alger ; l'autre, dit le Groupe des cinq, provient de la Cagoule.

11 novembre 1942 : l'armée allemande se porte en couverture vers la Méditerranée, mais respecte les emprises militaires françaises.

27 novembre 1942 : un détachement allemand pénètre dans l'arsenal de Toulon. La flotte de haute mer se saborde sur l'ordre de l'amiral de Laborde.

24 décembre 1942 : assassinat de l'amiral Darlan.

Du 14 au 24 janvier 1943 : la conférence d'Anfa décide du débarquement en Sicile, prépare celui d'Europe et programme le soutien accordé à la Chine.

15 avril 1943 : début de la livraison près d'Alger de matériel américain à l'armée d'Afrique.

Du 11 au 25 mai 1943 : la conférence Trident à Washington réunit Churchill, Roosevelt et les commandants des grands théâtres d'opérations. Ils fixent Overlord au 1er mai.

30 mai 1943 : de Gaulle atterrit à l'aéroport de Boufarik et s'installe en Alger.

Juin 1943 : Staline supprime officiellement le Komintern.

14 juillet 1943 : derrière le défilé des troupes, de Gaulle et son ministre communiste, Fernand Grenier, font passer un cortège de civils brandissant des pancartes, dans le style du Front populaire. L'effet produit sur les Africains est désastreux. Leurs chefs subissent les premières purges et limogeages.

16 août 1943 : les Allemands évacuent la Sicile.

8 septembre 1943 : le maréchal Badoglio rend public l'armistice secret du 3 septembre.

30 septembre 1943 : l'ambassadeur Bogomolov transmet au CFLN, Comité français de libération nationale, la recommandation de Staline d'inciter les Alliés à débarquer en France métropolitaine et non de prolonger l'offensive du corps expéditionnaire français en Italie vers les Balkans.

19 octobre 1943 : lors de la conférence de Moscou, Molotov obtient le principe d'un débarquement en France métropolitaine pour le printemps 1944.

28 novembre au 1er décembre 1944 : lors de la conférence de Téhéran, Staline et Molotov, Roosevelt et Hopkins, Churchill et Eden arrêtent le principe des opérations Overlord et Anvil.

Décembre 1943 : l'état-major de la 7e US Army prépare Anvil.

29 décembre 1943 : rédaction de la directive visant à former une tête de pont vers Lyon et Vichy.

12 janvier 1944 : l'état-major de préparation prend le nom de code Force 163.

17 mars 1944 : ordonnance accordant la citoyenneté française à quelques musulmans sans abandon de leur statut coranique. Lors des émeutes du 8 mai 1945 à Sétif, un slogan sera peint sur les murs : « Rien ne pourra jamais transformer un Arabe en Français. »

15 avril 1944 : le président du CFLN montre qu'il préfère renoncer à ce qu'un Français soit le commandant en chef d'Anvil, pourvu que ce ne soit pas Giraud. Il confie l'armée B au général de Lattre de Tassigny.

17 avril 1944 : lecture sur le front d'Italie de l'ordre du jour du général Giraud faisant ses adieux aux armes. Les Africains le ressentent comme un cruel affront. Eisenhower qui avait promis le commandement d'Anvil à Giraud va le confier à Patch.

6 mai 1944 : Fernand Grenier, le plus éminent des dirigeants communistes en Alger, manifeste sa désapprobation face à l'épuration de l'armée par le CFLN.

3 juin 1944 : le CFLN d'Alger s'autoproclame à l'unanimité Gouvernement provisoire de la République, GPR. Churchill en convoque le chef à Londres.

4 juin 1944 : « Atterrissant à Hendon à 6 h 30, le général sort au son de *La Marseillaise*, à laquelle il ne portera pas attention. Parlant de Churchill avec lequel il traverse une période de mésentente, le général dépeint le chef du gouvernement britannique comme un gangster, mais, dit-il "sa gloire restera" (Jean-Pierre Benamou). Churchill l'informe de l'imminence d'Overlord sans lui en préciser ni la date, ni la région visée. »

4 juin 1944 : les généraux Alexander, Juin et Maitland-Wilson réclament l'offensive vers Ljubljana.

6 juin 1944 : Overlord en Normandie. Dès le lendemain, de Gaulle manifeste son dépit de n'en avoir pas été informé.

14 juin 1944 : discours de Bayeux.

15 juin 1944 : plusieurs divisions françaises et américaines sont prélevées du front italien.

Du 5 au 9 août 1944 : encagement du futur champ de bataille par des bombardements.

10 au 15 août 1944 : attaque aérienne des plages, des batteries côtières et des radars.

14 août 1944 : feinte du convoi naval vers Gênes par l'amiral Hewitt.

15 août 1944 : mise à terre des éléments précurseurs.

16 août 1944 : exploitation de la percée vers la ligne bleue ; l'armée B à Cavalaire-sur-Mer et Saint-Tropez.

18 août 1944 : manœuvre vers Toulon ; le commandant en chef allemand en France au sud de la Loire, le général Blaskowitz, reçoit l'ordre de repli.

20 août 1944 : enveloppement de Toulon ; orientation vers Marseille.

21 août 1944 : encerclement de Toulon ; marche vers Marseille.

22 et 23 août 1944 : démantèlement de Toulon et mouvement tournant vers Marseille.

24 au 28 août 1944 : réduction des défenses de Toulon et bataille dans Marseille.

28 août 1944 : ordre n° 4 du général Patch, qui ordonne le mouvement vers les Alpes puis le Jura.

Du 3 au 12 septembre 1944 : bataille de Bourgogne.

13 septembre 1944 : la flotte française entre solennellement dans Toulon.

Comparaison des moyens affectés aux opérations amphibies en Normandie et en Provence

Le débarquement de Normandie, le 6 juin 1944

1. Marine alliée : 7 cuirassés, 18 croiseurs, 43 destroyers.

2. Armée de terre alliée : 4 divisions britanniques et 5 divisions américaines dont deux aéroportées, 2 000 bombardiers lourds. 902 000 combattants, 189 000 véhicules, 3 000 chalands. Il n'y a que 177 Français, moins que les Polonais et les Canadiens.

3. Garnison allemande : 716e et 352e divisions statiques, plus la 21e Panzerdivision.

4. Résultats : les deux ports artificiels ébranlés par la tempête sont inaptes au transit international. Le demi-succès de la poche de Falaise rallonge la guerre d'un mois. Sur une dizaine de poches portuaires allemandes de l'Atlantique, plusieurs persistent jusqu'au 8 mai 1945.

Le débarquement de Provence, le 15 août 1944

1. Marine alliée : 5 cuirassés, 10 porte-avions, 25 croiseurs, 109 torpilleurs et escorteurs, 1 900 appareils de bombardement et de chasse, dont 200 embarqués, le plus possible de chalands disponibles venant de Normandie.

2. Armée de terre alliée :

a) un corps d'armée à trois divisions d'infanterie américaine et une division aéroportée anglo-américaine ;

b) l'armée française retrouve une dimension internationale, avec un potentiel de 500 000 combattants, dont elle détache 260 000 dans l'armée B composée de 2 divisions blindées et 5 d'infanterie, plus de nombreux corps francs de choc et commandos ;

3. Garnison allemande de 250 000 hommes répartis en :

a) armée de terre : 8 divisions d'infanterie dont deux qui subissent le premier choc du 15 août. Il faut y ajouter la 11e Panzerdivision, des artilleurs de la marine, des fusiliers marins ;

b) aviation : 120 chasseurs, 110 bombardiers ;

c) marine : 8 sous-marins, 6 torpilleurs, 30 vedettes lance-torpilles.

4. Résultats : deux poches portuaires fortifiées aptes au transit international tombent dès les premiers jours, vitales pour alimenter l'offensive après la jonction avec Patton à Dijon. La réduction des deux poches produit des résultats équivalant à un dixième de ceux de Stalingrad et permet de raccourcir la guerre de deux mois.

Les engins de débarquement

Désignation : LST, *Landing ship tank*, chaland de transport de blindé.

Capacité de transport : 2 100 tonnes, 15 officiers et 140 hommes, 4 LCVP.

Dimensions métriques : longueur, largeur, tirant d'eau : 100 ; 15,23 ; 4,30.

Armes de bord : 1 canon de 40 ; 6 canons de 20.

Désignation : LSM, *Landing ship medium.* Intermédiaire entre le LCT et le LST.

Capacité de transport : 3 chars lourds ou moyens, 6 LVT ou 9 DUKWS.

Dimensions métriques : longueur, largeur, tirant d'eau : 61,9 ; 10,4 ; 2,4.

Armes de bord : 7 canons de 20 ; 2 canons de 40.

Désignation : LSMR, *Landing ship mechanized rockets*, bâtiments d'appui lance-roquettes.

Capacité de transport : coque de LSM, 5 000 roquettes, 300 par minute tirées entre 2 000 et 11 000 mètres.

Dimensions métriques : longueur, largeur, tirant d'eau : identique au LSM.

Armes de bord : 1 canon de 127 ; 2 canons de 40 ; 4 canons de 20 ; 10 lance-roquettes.

Désignation : LCT, *Landing craft tank.*

Capacité de transport : 4 chars de 40 tonnes ou 12 de 30 tonnes, ou 300 tonnes de fret.

Dimensions métriques : longueur, largeur, tirant d'eau : 58,15 ; 9,14 ; 1,70.

Armes de bord : 2 canons de 2 livres.

Désignation : LCM, *Landing craft mechanized.*

Capacité de transport : 60 hommes ou 30 tonnes.

Dimensions métriques : longueur, largeur, tirant d'eau : 15 ; 24 ; 4,29.

Armes de bord : 2 pièces de mitrailleuse M1.

Désignation : LCV, *Landing craft vehicles.*

Capacité de transport : 36 hommes ou 4,5 tonnes.

Dimensions métriques : longueur, largeur, tirant d'eau : 11,50 ; 3,25 ; 6,80.

Armes de bord : 1 pièce de mitrailleuse M1.

Désignation : LCVP, *Landing craft vehicles and personal.*

Capacité de transport : 36 hommes ou 3,5 tonnes.

Dimensions métriques : longueur, largeur, tirant d'eau : 11 ; 3,17 ; 0,9.

Armes de bord : 2 pièces de mitrailleuse M1.

Désignation : LCI, *Landing craft infantry.*

Capacité de transport : 192 hommes, soit une compagnie au complet, ou 75 tonnes.

Dimensions métriques : longueur, largeur, tirant d'eau : 40,25 ; 7,08 ; 1,36.

Armes de bord : 4 pièces de mitrailleuse de 20.

Désignation : LCA, *Landing craft assault.*

Capacité de transport : 35 hommes, embarcation d'assaut.

Dimensions métriques : longueur, largeur, tirant d'eau : 12,50 ; 3,05 ; 0,76.

Armes de bord : 1 pièce de fusil-mitrailleur.

Désignation : DUCKW, *Dual utility water borne*, camion amphibie sur châssis et moteur de GMC, caréné en barge, surnommé le duck ou Donald Duck, le personnage de Walt Disney.

Capacité de transport : 3 tonnes ou une pièce d'artillerie ou une Jeep ou 40 hommes en transport simple ou 26 hommes avec leurs impedimenta d'assaut.

Dimensions métriques : longueur, largeur, tirant d'eau : 9,45 ; 2,52 ; 2,21.

Organigramme de l'armée B

À partir du 15 août, elle projette par vagues amphibies successives 260 000 combattants dont 215 000 sont originaires d'Afrique du Nord, 20 000 de métropole après avoir franchi les Pyrénées, 25 000 d'A-OF, d'A-EF et de Polynésie.

2e division d'infanterie marocaine (2e DIM)

Jusqu'au 18 septembre 1944, elle est commandée par le général Dody ; à partir du 18 septembre, par le général Carpentier.

- 4e régiment de tirailleurs marocains ;
- 5e régiment de tirailleurs marocains ;
- 8e régiment de tirailleurs marocains ;
- 3e régiment de spahis marocains (reconnaissance) ;
- 63e régiment d'artillerie d'Afrique ;
- 41e groupe de FTA ;
- 87e bataillon du génie.

3e division d'infanterie algérienne (3e DIA)

Jusqu'au 1er septembre 1944, elle est commandée par le général de Monsabert ; à partir du 1er septembre par le général Guillaume.

– 3e régiment de tirailleurs algériens ;
– 4e régiment de tirailleurs tunisiens ;
– 7e régiment de tirailleurs algériens ;
– 3e régiment de spahis algériens (reconnaissance) ;
– 67e régiment d'artillerie d'Afrique ;
– 37e groupe de FTA ;
– 83e bataillon du génie.

4e division d'infanterie marocaine (4e DIM)

Jusqu'au 15 septembre 1944, elle est commandée par le général Sevez ; à partir du 15 septembre, par le général de Hesdin.

– 1er régiment de tirailleurs marocains ;
– 2e régiment de tirailleurs marocains ;
– 6e régiment de tirailleurs marocains ;
– 4e régiment de spahis marocains (reconnaissance) ;
– 69e régiment d'artillerie d'Afrique (de montagne) ;
– 82e bataillon du génie.

1re division motorisée d'infanterie (1re DMI)

Organisée selon l'organigramme britannique depuis la campagne de Libye, elle porte le nom de 1re division française libre. Jusqu'à son décès accidentel le 20 octobre 1944, elle est commandée par le général Diego Brosset ; à partir du 20 octobre, par le général Garbay.

1re brigade, sous le commandement tactique de l'état-major de la 13e demi-brigade de Légion étrangère :

– 1er bataillon de Légion étrangère ;
– 2e bataillon de Légion étrangère ;
– 22e bataillon nord-africain.

2e brigade, sous le commandement tactique d'état-major issu de l'infanterie coloniale :

– Bataillon de marche n° 4 ;
– Bataillon de marche n° 5 ;
– Bataillon de marche n° 11.

3e brigade, sous le commandement tactique d'état-major issu de l'infanterie coloniale :

– Bataillon de marche n° 21 ;
– Bataillon de marche n° 24 ;
– Bataillon d'infanterie de marine du Pacifique.

Moyens divisionnaires :
- 1er régiment de fusiliers marins (reconnaissance) ;
- 8e régiment de chasseurs d'Afrique (TD) ;
- 1er régiment d'artillerie coloniale ;
- 4e groupe de FTA ;
- 1er bataillon du génie.

9e division d'infanterie coloniale (9e DIC)

Jusqu'au 25 décembre 1944, elle est commandée par le général Magnan ; à partir du 25 décembre, par le général Morlière.
- 4e régiment de tirailleurs sénégalais ;
- 6e régiment de tirailleurs sénégalais ;
- 13e régiment de tirailleurs sénégalais ;
- Régiment d'infanterie coloniale du Maroc (reconnaissance) ;
- Régiment colonial de chasseurs de chars (TD) ;
- Régiment d'artillerie coloniale du Maroc ;
- 26e groupe de FTA ;
- 71e bataillon du génie.

1re division blindée (1re DB)

L'insigne divisionnaire représente la croix de l'Ordre royal et militaire de Saint-Louis, fondé par Louis XIV en 1693, modifié en 1830 par l'ablation des lys. L'auteur du dessin est Jean Brune, écrivain régionaliste algérois.

Jusqu'au 4 décembre 1944, elle est commandée par le général Touzet du Vigier ; à partir du 4 décembre 1944, par le général Sudre.

EOD :
- 3e régiment de chasseurs d'Afrique (reconnaissance) ;
- 9e régiment de chasseurs d'Afrique (TD) ;
- 38e régiment de FTA ;
- 83e bataillon du génie.

CC1 (*Combat Command* n° 1), général Sudre :
- 2e régiment de cuirassiers ;
- 3e régiment de zouaves ;
- Groupe I/68e régiment d'artillerie d'Afrique.

CC2 (*Combat Command* n° 2), colonel Kientz :
- 5e régiment de chasseurs d'Afrique ;
- 1er régiment de zouaves.

CC3 (*Combat Command* n° 3), colonel Caldairou :
– 2e régiment de chasseurs d'Afrique ;
– 2e zouaves ;
– Groupe II/68e régiment d'artillerie d'Afrique.

5e division blindée (5e DB)

L'insigne divisionnaire est inspiré des armoiries de Stuttgart, *D'or au cheval gai de sable*, insigne qui ne sera créé qu'après la conquête de cette ville, fondée sous Charlemagne près d'un enclos de poulinières (Stuttgart se traduit par « jardin de juments »). Elle est commandée par le général de Vernejoul.

EOD :
– 1er régiment étranger de cavalerie (reconnaissance) ;
– 11e régiment de chasseurs d'Afrique (TD) ;
– 31e régiment de FTA ;
– 96e bataillon du génie.

CC4 (*Combat Command* n°4), colonel Schlesser :
– 1er régiment de cuirassiers ;
– 1er bataillon de marche de la Légion étrangère ;
– Groupe I/62e régiment d'artillerie d'Afrique.

CC5 (*Combat Command* n° 5), colonel d'Oléon jusqu'au 17 octobre 1944, puis le colonel des Essarts de Montgaillard, tué le 15 novembre 1944, puis le colonel Mozat :
– 1er régiment de chasseurs d'Afrique ;
– 2e bataillon de marche de la Légion étrangère ;
– Groupe II/62e régiment d'artillerie d'Afrique.

CC6 (*Combat Command* n° 6), colonel Trischer jusqu'au 11 décembre 1944, puis le colonel de Lavilléon :
– 6e régiment de chasseurs d'Afrique ;
– 3e bataillon de marche de la Légion étrangère ;
– Groupe III/62e régiment d'artillerie d'Afrique.

Unités de réserve générale à la disposition de l'armée B

Infanterie :
– Groupe de tabors marocains, commandé par le général Guillaume ;
– 1er groupement, colonel Leblanc ;
– 2e groupement, colonel de Latour ;
– 3e groupement, colonel Massiet du Biest ;

- Groupement de commandos d'Afrique, lieutenant-colonel Bouvet ;
- Bataillon de choc, lieutenant-colonel Gambiez, remplacé par le capitaine Hériard-Dubreuil.

Cavalerie :
- 1er régiment de spahis algériens de reconnaissance ;
- 2e régiment de spahis algériens de reconnaissance.

Artillerie :
- 64e régiment d'artillerie d'Afrique ;
- 65e régiment d'artillerie d'Afrique ;
- 66e régiment d'artillerie d'Afrique ;
- Régiment d'artillerie coloniale d'Afrique-Occidentale française ;
- Régiment d'artillerie coloniale du Levant.

Génie :
- 4 régiments ;
- 1 bataillon de ponts lourds.

Ordre de bataille des groupes de tabors marocains

1er GTM (commandant Leblanc) :
- 2e tabor : 51e, 61e, 62e goums ;
- 3e tabor : 4e, 65e, 101e goums ;
- 12e tabor : 12e, 63e, 43e goums.

2e GTM (commandant de Latour) :
- 1er tabor : 47e, 58e, 59e, 60e goums ;
- 6e tabor : 36e, 72e, 73e, 74e goums ;
- 15e tabor : 8e, 11e, 30e, 39e goums.

3e GTM (lieutenant-colonel Massiet du Biest) :
- 9e tabor : 81e, 82e, 83e goums ;
- 10e tabor : 84e, 85e, 86e goums ;
- 17e tabor : 14e, 18e, 22e goums.

4e GTM (lieutenant-colonel Soulard) :
- 5e tabor : 41e, 70e, 71e goums ;
- 8e tabor : 78e, 79e, 80e goums ;
- 11e tabor : 88e, 89e, 93e goums.

L'organigramme américain type de la division blindée

Les deux divisions blindées françaises sont calquées sur l'organigramme US type du modèle 1943. Tout en gardant des appellations de tradition de l'armée d'Afrique et de l'armée métropolitaine, chacune reçoit en matériel, au titre de la loi prêt-bail, l'équivalent de :

– 3 bataillons blindés, chacun à trois compagnies de trois pelotons, plus une compagnie légère à 17 × M5. Soit 5 × M4 par peloton, 17 × M4 par compagnie, 53 × M4 par bataillon, plus 17 × M5, 12 × half-tracks, 3 × obusiers M8, 3 × mortiers de 81 mm. Ces matériels sont servis par 729 hommes commandés par un lieutenant-colonel ;

– 3 bataillons d'infanterie mécanisée. Chacun à 71 × half-tracks, 3 × obusiers M8, 3 × mortiers de 81 mm, 9 × mortiers de 60 mm, 9 × pièces de 57 mm antichar ;

– 1 escadron blindé de reconnaissance ;

– 3 batteries d'artillerie. Chacune à 31 × half-tracks, 3 × M4, 18 × obusiers de 105 mm ;

– 1 compagnie de transmissions ;

– 1 bataillon du génie ;

– les services divisionnaires (état-major, intendance, santé, réparation, vaguemestre, prévôté, train).

Nota : les réformes des divisions blindées américaines en Afrique du Nord en 1943 conduisent à alléger le dispositif réduit à 260 chars et 10 900 hommes, ajouter un élément de liaison sol-air pour l'appui aérien copié sur le système allemand, introduire l'articulation tactique des trois *Combat Commands* en dissolvant la structure régimentaire, réformer les chars Grant M3 et les remplacer par des Sherman M4. Les rebuts sont reversés aux Français au titre du prêt-bail.

Organigramme de la 244ᵉ ID allemande

Organisée par son premier chef, elle est commandée par le Generalleutnant Martin Gilbert le 1er septembre 1943. Celui-ci passe le commandement à Hans Schäffer le 14 avril 1944 :

– état-major : Oberleutnant Fritz Becker (IC), Hauptmann Kurt Bouveret (IIa), Leutnant Walter Bausenhart ;

– Grenadier Regiment 932, chaque régiment compte 1 compagnie antichar, 1 compagnie de canons d'infanterie et 3 bataillons composés de 3 compagnies d'infanterie et 1 de mitrailleuses ;

– Grenadier Regiment 933, Oberst Walter Rolin ;

– Grenadier Regiment 932, Oberst Robert Westphal ;

– Artillerie Regiment 244, Oberst Alfred Noak, à trois groupes hippomobiles de trois batteries chacun ;

– 1 bataillon d'infanterie légère, Füsilier Bataillon 244 ;

– 1 bataillon du génie, Pionnier Bataillon 244, Major Gustav Jacob, à deux compagnies ;

– 1 compagnie antichar, Panzerjäger Kompanie 244 ;

– 1 bataillon de transmission, Nachrichten Abteilung 244, Oberleutnant Herbert Haucke, à deux compagnies ;

– 1 bataillon de transport, Nachschub Abteilung 244, Hauptmann Otto Goebel, à deux compagnies ;

– intendance, vétérinaires, santé, Feldgendarmerie, vaguemestre.

Le 9 avril 1944, la 244 ID reçoit en renfort :

– le Ostbataillon 666, soit 1 003 hommes en 4 compagnies, qui devient le IV/932 ;

– le Ostbataillon 681, soit 892 hommes en 4 compagnies, qui devient le IV/934.

Le secteur défensif de Marseille, Verteidigungsbereich Marseille, commandé par le Generalmajor Franz Gall, comprend des forces de l'armée de terre, la Luftwaffe et la Kriegsmarine :

– 1 bataillon d'infanterie de forteresse, Major Johannes Nebeling, Fest Stamm Abteilung AOK 19, 6 compagnies, 1 124 hommes ;

– l'artillerie lourde sur voie ferrée, Eisenbahn Artillerie Abteilung 640, à 3 batteries ;

– Marine Artillerie Abteilung 611 ;

– I/Heeres Küsten Artillerie Regiment 1291 ;

– l'artillerie antiaérienne sur voie ferrée, Eisenbahn Flak Artillerie Abteilung 473 ;

– Flak Regiment 69 : GemRadFlakAbt 597, SchwereFlakAbt 556 ;

– 611 Marine Artillerie Abteilung.

Les dotations collectives et individuelles des belligérants

Vêtements des GI's

Le fastueux paquetage comprend un choix de bottes, brodequins, souliers, surbottes, selon les nécessités ; la vareuse Parson et le pantalon en laine peignée de 30 onces ; les effets légers en coton de 10 onces pour la tenue d'été ; une vaste gamme d'effets de grand froid, d'accessoires imperméables à fermeture Éclair, de survêtement de combat, de combinaisons de corvée, de coiffures adaptées aux climats et aux circonstances. L'élégance guindée qui caractérisait encore certains belligérants en 1940 n'a plus sa place dans cette garde-robe de taille ample. Le conditionnement est soigneusement étudié, sous forme de cantines, sacs à cintres, havresacs, musettes, sacs d'allégement, housses. Le matériel de bivouac comprend des duvets, sacs de couchage, vaisselle de campagne, comme dans toutes les armées des pays industrialisés, mais donnés sans restriction ni considération pour la perte. Chaque accessoire est identifié par un code, comme la tenue de combat PQD370.

L'armée d'Afrique reverse peu à peu ses tenues modèle 1931. Elle porte le kaki depuis 1916, n'ayant jamais connu le bleu horizon, sauf dans les rebuts de stocks de mobilisation. Elle adopte avec joie la tenue américaine, mais conserve quelques traces de la réforme de 1931 sous la forme d'un insigne de bras réglé par le *Bulletin officiel* du 21 février 1944, maintenu jusqu'en 1981. Calots, bonnets de police, képis, bachis de marin, chéchias, fez et bérets égayent les cantonnements, permettant de distinguer un Français malgré l'uniformisation américaine. Derniers servis, les tabors conservent leurs sandales de cuir, leurs jambières de laine, leur burnous et le casque britannique.

Armement collectif américain

La mitrailleuse Browning M17, inaugurée dans la boue des tranchées en 1918 en calibre .30, pèse 42 kg, tire 600 coups par minute. D'autres versions allégées ne parviennent pas à surclasser la pièce FM ennemie, le MG42, qui tire 1 100 coups et pèse 10 kg. La mitrailleuse de bord des véhicules est beaucoup mieux étudiée. Toujours en usage aujourd'hui dans de nombreux pays, cette pièce de calibre .50, c'est-à-dire en 12,7 mm, sert à neutraliser des véhicules ou des aéronefs. Il est normalement interdit de l'utiliser contre du personnel (?). Le bazooka sert d'artillerie antichar à courte distance au profit de l'infanterie lorsqu'elle est privée d'appui. Ce lance-roquettes sert aussi à détruire des fortifications légères et des retranchements de campagne. Chaque compagnie d'infanterie possède 3 mortiers de 60 mm, chaque bataillon 3 mortiers de 81 mm. Ces armes à tir courbe portent au maximum à 1 km. Dans un terrain cloisonné et vallonné, en zone urbanisée, derrière les masques qui gênent un tir courbe, cette artillerie légère aide l'infanterie avant l'intervention de l'artillerie divisionnaire. Les masques, en l'absence de plaque de blindage, mettent les servants hors de danger lors de la mise en batterie assez délicate de ces pièces qui demandent un réglage d'après des repères très étudiés.

L'armement individuel

Cette notion tient une faible place dans l'art de la guerre enseigné à West Point. Seul un GI sur dix reçoit une arme individuelle pour le combat. Les autres servent dans les échelons de la logistique. Cela n'empêche pas que ces armes soient parfaitement étudiées, comme le fusil semi-automatique Garand (de la même génération que le Gewehr 43 allemand), la carabine semi-automatique USM1 et le pistolet-mitrailleur Grease-gun. Seul le pistolet Colt 45 à simple action appartient à une génération révolue. Les rebuts de fusils Springfield datant de la Grande Guerre ont été vendus aux Français, mais ils sont plus modernes que les Lebel et Lebel-Berthier.

Véhicules

La Jeep de 590 kg, à deux ponts pour tous chemins, à la vitesse maximum de 80 km/h sur route, capable d'atteler une remorque de 360 kg, armée avec une mitrailleuse de bord, sert de véhicule ordinaire de liaison. La moto Harley-Davidson sert à la circulation routière et à la prévôté. Le camion Dodge 4 × 4 connaît de nombreuses versions : transport, ambulance, voiture de commandement, shelter des transmissions, plateau d'artillerie antiaérienne. Il pèse 3/4 de tonne et existe aussi en version 6 × 6. Le camion GMC 6 × 6 pèse plus de 4 tonnes et sert aux gros transports. Le camion blindé semi-chenillé half-track est inspiré des inventions françaises. Conçu par l'ingénieur Kégresse travaillant pour le tsar désireux de mettre au point un véhicule capable d'affronter la boue de *raspoutitsa* et la neige sibérienne, il est repris par Citroën comme argument publicitaire tapageur mais peu probant lors des Croisières jaune et noire. La Seconde Guerre mondiale voit l'apogée du semi-chenillé, en faveur chez tous les belligérants qui ont les moyens de se le payer. Les plus belles mécaniques sont le Latil français et le SdKfz allemand, mais les Américains en produisent le plus grand nombre sous le nom de half-track. Il remplit les mêmes missions que le Dodge, connaît autant de versions différentes, mais son blindage léger qui arrête les petits calibres et les éclats rend l'infanterie portée apte à suivre les chars. C'est un taxi de bataille qu'il faut quitter à 200 m de la ligne de feu. La France en a eu en dotation jusqu'en 1981.

Impedimenta allemands

La pauvreté spartiate règne dans le Reich aux abois. Le troupier en fin de guerre ne reçoit plus qu'un paquetage allégé, tous les efforts étant consacrés au front russe. Vareuses d'avant-guerre reconverties en Feldbluse, butin des armées vaincues teinté dans un vague Feldgrau, blousons taillés à l'économie du tissu, brodequins demandant moins de surface de cuir que les bottes, sous-vêtements distribués avec parcimonie, c'est ce dont le troupier doit se contenter en fin de guerre. Pour les armes individuelles, il reste le bon vieux mauser du modèle de 1898 en calibre 7,92 mm, mais il doit souvent se contenter de mauser sous licence belge, tchèque, polonaise, quand ce ne sont pas des contrats pour l'Amérique du Sud qui ont été réquisitionnés. En guise d'armement collectif, les divisions statiques servent des pièces de mitrailleuse de tous les pays d'Europe, véritable cauchemar pour les pièces détachées et les différents calibres. L'artillerie légère et moyenne vient du front russe, où elle est devenue périmée. Seuls les officiers supérieurs et généraux disposent d'un véhicule. Il persiste la dotation de 1914, à raison d'un cheval pour le commandant de compagnie et son agent de liaison. Le caisson de munitions de chaque compagnie est attelé à un poney Haflinger. Les voitures du Troß à deux essieux, les ambulances et les cuisines roulantes sont attelées à deux chevaux. L'artillerie de campagne bénéficie d'un attelage à quatre pour ses pièces, ses prolonges et ses caissons. Les moins malheureux sont les volontaires orientaux, auxquels sont souvent donnés des fusils Mosin-Nagant qu'ils connaissent parfaitement. Habitués à vivre dans la pénurie du paradis bolchevique, la Côte d'Azur leur fait figure de congés payés.

Lexique

Amalgame : invention du général de Lattre de Tassigny, inspirée des troupes légères de la stratégie de grand style sous Louis XV. L'amalgame apparaît sous ce nom pendant la Révolution, lorsque le grand Carnot veut fusionner les volontaires de l'an II avec les vieilles troupes de métier. Malheureusement pour le roi Jean, cette utopie farfelue et romantique va à l'échec, faute de conscription en métropole, où joue le réflexe tribal, celui des FFI peu enclins à dépasser l'horizon de leur clocher, instinct aussi puissant que celui des Africains réticents à incorporer des métropolitains. Chez les tirailleurs avant 1939, le caporal fourrier est parfois un appelé de métropole. « On n'en voulait pas dans la troupe », disent de nombreux vétérans. Pendant toute sa carrière, le roi Jean reste attaché à l'amalgame, dès qu'il en a les moyens avec le jaunissement de l'armée d'Indochine, noyau de la future armée sud-vietnamienne. Après sa mort, l'amalgame connaît un nouveau succès avec le recrutement des harkis et des commandos de chasse, qui marquent un retour aux troupes légères définies par Maurice de Saxe. L'amalgame n'a jamais été admis par les vénérables régiments de tradition.

Blanchiment : objectif politique dont l'amalgame est la méthode. Au fur et à mesure de la montée vers le nord, la 1re armée tente d'amalgamer les troupes de supplétifs issues du maquis afin de leur faire acquérir le statut de l'armée régulière. Faute d'être accueillis par les unités nord-africaines loyalistes, ces groupes de maquisards sont intégrés à la 1re DFL en échange des bataillons de marche coloniaux qui supportent mal le climat hivernal dans les Vosges. Par souci d'élégance et de démagogie, il leur est attribué le nom de vieux régiments dont les traditions remontent à l'Ancien Régime. Beaucoup de gradés des maquis étant incapables de repasser par une école, dont celle de Rouffach, il faut trouver un moyen de régler les questions de solde et de points de retraite. Le corps expéditionnaire d'Indochine va recevoir un contingent d'officiers qui doivent faire valider leurs galons, à défaut d'être brevetés d'une école d'armes.

Chant de marche : le plus célèbre est celui des Africains, rédigé en 1915 par le sergent Bondifala et le tirailleur Marizot, mis en musique par le capitaine Félix Boyer, chef de musique des Chantiers de jeunesse en 1943. Dédié au colonel Van Hecke du 7e RCA, ce chant devient celui de la 1re armée, puis une sorte d'hymne régional de l'Algérie.

C'est nous les Africains qui arrivons de loin,
Venant des colonies pour sauver la patrie.
Nous avons tout quitté, parents, gourbi, foyer,
Et nous gardons au cœur une invincible ardeur,
Car nous voulons porter, haut et fier,
Le beau drapeau de notre France entière.
Et si quelqu'un venait à y toucher,
Nous serions là pour mourir à ses pieds.
Battez tambour, à nos amours,
Pour la patrie, mourir au loin, c'est nous les Africains.
Nous étions au fond de l'Afrique,
Gardiens jaloux de nos couleurs,
Quand sous un soleil magnifique,
Retentissait ce cri vainqueur,
En avant (ter).
Pour le salut de notre empire,
Nous combattrons tous les vautours,
La faim, la mort nous font sourire,
Quand nous luttons pour nos amours.
En avant (ter).
De tous les horizons de France,
Venus sur le sol africain,
Nous préparons la délivrance
Qui par nous se fera demain.
En avant (ter).
Et lorsque finira la guerre,
Nous rentrerons dans nos gourbis,
Le cœur joyeux et l'âme fière
D'avoir délivré la patrie,
En criant, en chantant, en avant.

Chas' d'Af : pour les chasseurs d'Afrique, en argot de l'armée d'Afrique, désigne la cavalerie légère blindée de recrutement européen.

Cherchell Mediouna : créée en décembre 1942, cette école répond aux besoins urgents en chefs de section. Elle en fournit 5 000 à la 1re armée. Les pertes en officiers subalternes dépassent les taux de la Grande Guerre. Quelques-uns laissent un nom à l'art, la littérature ou la politique. Les « Trois mousquetaires » appartiennent à la première promotion. Ils sont quatre, comme dans la légende : le romancier et historien Raymond Muelle, le champion de parachutisme sportif Paul-Alain Léger, le poète et artiste peintre Marcel Brochart, Georges Oudinot, tous les quatre ayant servi dans des actions spéciales pour les services secrets. Un autre élève, Robert Seguin, promu aspirant au 4e tirailleurs tunisiens, mort pour la France, est le père de Philippe Seguin, mais n'a jamais connu son fils. Les élèves des premières promotions de Cherchell ne peuvent pas bénéficier du statut de Saint-Cyrien, contrairement aux cadets de la France libre instruits en Angleterre.

***Combat Command* :** capacité d'articulation d'un bataillon blindé et d'un bataillon d'infanterie mécanisé autorisée par la structure ternaire des divisions blindées.

Déception : opération de déception, anglicisme amélioré ultérieurement sous le vocable d'intoxication, mais l'allemand est plus précis avec son Funkspiel, littéralement « jeu radiophonique ».

Dissident : terme entré dans l'argot militaire pendant la guerre du Rif avec celui de salopard, il désigne le guerrier tribal qu'il faut ramener à la soumission sous l'administration chérifienne. S'il se rallie, il y a une grande *diffa*, un couscous de réconciliation et une fantasia. S'il refuse, il faut le traquer et même le tuer. En 1940, les Africains proches du Maréchal qualifient ainsi les hommes passés à Londres, tombant sous le coup de l'article 75 et suivants du code de justice militaire. Aux yeux des Africains qui participent à Dragoon, leurs camarades venus de Londres sont coupables du péché originel de désobéissance, d'avoir déserté le combat entre le 18 et le 24 juin 1940, refusé le sacrifice pour négocier l'armistice le moins défavorable. Les hommes ayant répondu à l'appel du 18 juin reprochent aux autres d'avoir traité avec l'ennemi. Dès son arrivée au Maroc, Leclerc qualifie ouvertement de traîtres les officiers loyalistes.

***Droneboat* :** bateau frelon. En tête d'une vague d'assaut composée de barges de débarquement d'infanterie, en collaboration avec les dragueurs de mine, il doit ouvrir un chenal de sécurité aux fantassins, passagers passifs qui attendent de s'élancer vers les plages. Les *droneboats* chargés d'explosifs et radioguidés prolongent jusqu'au rivage les chenaux tracés par les dragueurs à travers les défenses sous-marines. Ils s'inspirent des anciens brûlots du Grand Siècle, à cette différence près que les *droneboats* sont de petite taille et appartiennent à un univers technique perfectionné, tandis que le brûlot est un bâtiment souvent plus gros, vétuste et promis à une destruction plus glorieuse au combat que la démolition au port d'attache. Il n'est pas téléguidé, mais maintenu sur un cap linéaire par son équipage qui le quitte d'urgence après avoir allumé la mèche de la sainte Barbe.

Embosser : creuser dans le sol un trou, de façon à ce que les gravats construisent un merlon de protection, que l'arrière du trou forme une rampe d'accès en pente douce et que la pièce d'artillerie ou le blindé puisse tirer en offrant le moins de vulnérabilité possible.

Entraînement : se résume au proverbe militaire frédéricien, *Schweiß sparrt Blut*, la sueur épargne le sang, notion difficile à faire entrer dans la tête de certains.

Festung : le modèle est inspiré des lignes de Torres Vedras, préfiguration de la *flexible response.* Dans son *Ordre sur la défense de la Dalmatie*, Napoléon dicte : « Mais combien faut-il de places fortes, c'est ici qu'on se convainc qu'il en est des places fortes comme des placements de troupes : prétendez-vous défendre toute une frontière par un cordon, vous êtes faible partout, car enfin tout ce qui est humain est limité ; artillerie, argent, bons officiers, bons généraux, tout cela n'est pas infini, et si vous êtes obligé de disséminer partout, vous n'êtes fort nulle part. » Les sièges de l'époque napoléonienne de Dantzig et Kolberg servent de modèle à l'amiral Dönitz. Hitler les refuse dans un premier temps, mais s'y range par nécessité. Cette méthode permet la réutilisation de troupes isolées, encerclées, passées aux profits et pertes, et la reconversion des arsenaux de marine pour la logistique d'un siège. Il reste l'espoir de maintenir une base océanique en vue d'une éventuelle reconquête. La Festung continentale sans façade maritime est inconcevable depuis Stalingrad, mais renaît à Königsberg, Breslau et Colmar, tandis que Toulon et Marseille sont déjà perdues.

FLAK : pièce d'artillerie antiaérienne.

***Furia francese* :** locution remontant aux guerres d'Italie de la Renaissance, qui désigne l'allant impétueux qui privilégie le mouvement sur la sécurité, sans souci des risques. En réalité, le chef ne peut plus rien faire pour endiguer l'ordre qu'il a donné. « Tout va mal en France depuis les derniers Valois », dit Michel Audiard.

Glacis : l'art de la fortification depuis Errard de Bar-le-Duc, le maître de Vauban, consiste à dégager un glacis, zone nue et plate en avant des fortifications, afin d'exploiter au mieux les performances balistiques de l'artillerie de position et des armes légères de la garnison.

Guerre mondiale : concept dialectique étendu par les Alliés aux deux groupes de conflits internationaux qui ont ravagé la planète de 1914 à 1918 puis de 1939 à 1945. Ils appellent le premier « la guerre du droit et de la civilisation », le second « la croisade des démocraties ». Dans la phraséologie allemande, seul le conflit de 1914-1918 est qualifié de *Weltkrieg*, tout en y rattachant les combats du Baltikum qui durent jusqu'en 1923. Entre 1939 et 1945, la propagande de Goebbels puis les historiens des deux Allemagnes parlent de la campagne de Pologne, la guerre à l'Ouest, la campagne d'Afrique, la campagne des Balkans. Tous ces théâtres d'opérations, si meurtriers soient-ils, sont distincts du grand drame de l'Allemagne sur le front de l'Est.

Lazaret : la langue française a désigné sous ce nom l'hôpital militaire jusqu'à la fin du Second Empire. Seule la langue allemande conserve le souvenir de la résurrection de Lazare de Béthanie *(Lazarett)*.

Masquer : action consistant à isoler une forteresse, neutraliser sa garnison en gênant ses sorties, grâce à un rideau de troupes, sans dépenser les moyens nécessaires à son investissement total ni pouvoir la faire capituler.

Mobilisation : le Gouvernement provisoire d'Alger, dont les textes de droit sont rédigés par René Cassin, décide d'appliquer la conscription en Algérie et en Corse, à l'exception de la métropole. Il s'agit du taux historique le plus fort du monde, supérieur à celui des pays baltes à la même époque. En 1914-1918, l'effort en France s'élève à 12,5 %, tandis qu'en Algérie en 1943 il monte à 16,4 % de la population. Il couvre vingt classes, de 1924 à 1944. Les recrues sont très motivées par leur patriotisme, mais ces classes sont marquées par une pénurie de gradés et de spécialistes. L'enrôlement massif de tous les hommes valides déstabilise l'économie algérienne pour de longues années. Cela concerne les villes avec leurs artisans, leurs commerçants et leurs ouvriers, mais aussi les campagnes avec les colons du bled. Les instituteurs et les colons, souvent bilingues en arabe et connaisseurs de l'âme musulmane, sont affectés aux tirailleurs. Cette levée en masse faisant l'unanimité auprès de la population, les unités féminines recrutent des Rochambelles et des Merlinettes, surnom des ambulancières et radios. La population tout entière observe le secret face aux commissions d'armistice germano-italiennes avant 1942. Au-delà de la classe 1924, la loi permet le rappel des gradés réservistes, y compris des vétérans de la Grande Guerre. L'élite du pays (professions libérales, chefs d'entreprise, talents divers) se retrouve entièrement mobilisée. En chiffres, cela représente une population de 950 000 Français d'Algérie, qui fournit 200 000 appelés et volontaires, dont 10 000 femmes (états-majors, services de santé, transmissions), puis qui déplore 24 000 morts. Algériens, Marocains et Tunisiens indigènes, pour une population totale de 14 700 000 habitants, fournissent 233 000 mobilisés et volontaires, soit 1,6 % de la population. Si la conscription avait été appliquée à la métropole de 45 millions d'habitants, il eût pu y avoir une armée de 9 millions de soldats, dont le ratio de pertes eût pu s'élever à 1 150 000 morts.

MRT : méthode de raisonnement tactique, qui consiste à mettre les moyens en adéquation avec la mission. Par exemple, l'erreur typique de MRT apparaît dans *Vers l'armée de métier* publié en 1934, dans l'idée dite visionnaire, fréquemment citée : « Cette brigade de deux régiments, l'une de chars lourds, l'autre de chars moyens (...), une brigade d'infanterie de deux régiments et un bataillon de chasseurs, armée de 50 pièces d'accompagnement, d'autant de canons antichars, de 600 mitrailleuses (...). » Il décrit l'effet de rouleau compresseur, sans tenir compte des réelles performances des engins, sans mention de la coopération sol-air, ce qui, traduit en TED, représente 550 engins pesants, impossibles à commander à la radio, à faire évoluer, à ravitailler, engorgés dans des embouteillages, vulnérables à l'aviation ennemie. Cette utopie ne tient pas face aux 218 chars moyens et légers d'une Panzerdivision, aux 260 chars d'une division américaine.

Nisei : ce nom désigne les GI's japonais naturalisés, habitant Hawaii ou recrutés dans des camps de concentration surveillés par la police fédérale. Sujets de petite taille réputés pour leur robustesse physique sous tous les climats et leur féroce efficacité au combat, ils forment quatre bataillons. Le 442e RCT dont fait partie le 100e bataillon est rattaché à la 36e Texas division et s'illustre au combat de Belmont, où son assaut après deux jours de combats indécis délivre des Texans encerclés. Le 442e RCT est l'unité la plus décorée de l'armée américaine, le 100e bataillon gagne à lui seul trois *Distinguished Unit Citations.*

OKW : lorsque Hitler s'octroie le titre de commandant en chef des forces armées, son organe d'exécution, le Oberkommando der Wehrmacht, ne traite limitativement que des questions politiques et administratives, communes aux armées de terre, de l'air et de la marine. Sa section de défense nationale, le Landesverteidigung, s'occupe des sujets connexes aux trois armées. Hitler charge Keitel de transformer cette organisation en état-major de la Wehrmacht. Le haut commandement de l'armée de terre, le OKH, le Oberkommando des Heeres, s'oppose formellement à ce projet, sachant que cette tentative aliène toute chance de reconstituer l'ancien grand état-major général interdit par les clauses de Versailles. La principale objection réside dans la réticence à voir une vénérable organisation subordonnée à de jeunes amateurs. L'armée de terre ajoute que les problèmes de l'Allemagne étant surtout continentaux, il lui appartient de prendre les décisions en dernier ressort. La marine soutient les généraux contre les aviateurs, se sachant limitée avant 1939 à une puissance représentant 50 % de la Royal Navy. Goering, soutenu par l'opinion nationale-socialiste majoritaire chez les généraux d'aviation, appuie Hitler, qui gagne à contrôler l'OKH, tout en restant indépendant de l'OKW, au moins avant le limogeage de von Brauchitsch pour son échec sous Moscou. Le général Blumentritt précise : « Seuls les amiraux avaient la partie belle dans cette guerre, car Hitler ne connaissait rien aux choses de la mer, alors qu'il croyait être très fort dans l'art de la guerre sur terre. » Les succès des sous-marins expliquent sans doute la succession de Dönitz le 20 avril 1945.

Organisation Todt : Fritz Todt, né en 1891, sert comme Einjährigerfreiwillige, volontaire d'un an, au Badischer Feldartillerie Nr14, suit en 1913 les études d'ingénieur à l'école technique supérieure de Munich. Sergent en août 1914, sous-lieutenant en octobre, breveté d'observation aérienne en 1915, blessé, décoré de la croix de fer de 1re classe, il retourne achever ses études à Munich. Il dirige des chantiers puis soutient une thèse de doctorat en 1932 : *Des causes d'erreurs lors du relèvement des routes départementales par le bitume et l'asphalte.* Membre du parti en 1931, il invente l'autoroute indépendante du réseau routier. Les premières autoroutes sont appelées Adolf-Hitler-Straße, il reçoit en 1939 la *Preiß für Kunst und Wissenschaft*, prix pour l'art et les sciences, substitut du prix Nobel prohibé dans le Reich. Ses constructions d'aérodromes lui valent le rang de général honoraire d'aviation. En 1940, il dirige le plan quadriennal, devient ministre de l'Armement. Décédé dans un accident aérien le 8 février 1942, Albert Speer le remplace. Il laisse son nom à la gigantesque organisation à statut civil, contrôlée par le parti, traitant des marchés publics avec des entrepreneurs privés locaux, employant de la main-d'œuvre d'ingénieurs et d'agents de maîtrise allemands et étrangers, des personnels des formations paramilitaires du parti pour assurer la sécurité des chantiers, des ouvriers civils locaux sous contrat à très hauts salaires (de 150 francs par jour pour les manœuvres à 900 francs pour les OS), des prisonniers de guerre sous le statut de la convention de Genève, dont des tirailleurs indochinois et nord-africains, mais jamais de déportés. L'OT construit l'Atlantikwall, le Südwall et les gigantesques bunkers à sous-marins en collaboration avec l'armée de terre, la Kriegsmarine et la Marine nationale française. Cette dernière est représentée par des ingénieurs militaires français ; elle reste propriétaire des arsenaux au titre des clauses de souveraineté reconnues par l'armistice. Des gendarmes français y montent la garde. Le Südwall a connu une grande intensité de travaux à la suite de l'inspection de Rommel.

Oscar : cinq avions bimoteurs C-47 de la 51e escadre de l'US Air Force larguent des leurres pour brouiller les radars, suivis de 300 mannequins américains Oscar, d'une altitude de 700 pieds, soit 213 mètres, par groupe de dix, avec un intervalle de cinq secondes entre chaque groupe. La zone choisie se trouve à 48 km au nord de Marseille. Entre chaque groupe sont aussi jetées cinq bombes Pin Tail. Les mannequins américains en caoutchouc sont ainsi utilisés pour la première fois. L'aspect des poupées est beaucoup plus crédible que les poupées Rupert anglaises utilisées le jour J en Normandie. Cette opération de déception a engendré une intoxication des réseaux de renseignements allemands.

Ost Legion : terme générique qui désigne les volontaires arméniens, azéris, baltes, biélorusses, bouriates, cosaques, géorgiens, polonais, ruthènes, tatars, turkmènes. Les Allemands de Volga sont considérés comme des Allemands ethniques. Les historiens occidentaux, très influencés par les écoles anglo-saxonnes, ne reconnaissent qu'une valeur médiocre à ces troupes, qu'elles qualifient de mal instruites, faiblement équipées, sensibles aux désertions et démoralisées. Ils veulent les réduire aux critères d'une armée professionnalisée d'un pays industrialisé. Ils veulent avant tout faire oublier comment les Alliés ont livré ces volontaires orientaux à Staline, qui les a fait exterminer. Seuls les historiens allemands montrent une certaine pudeur, rares étant ceux qui acceptent de reconnaître la valeur de ces troupes, en particulier leur ancien frère d'armes, Erich Kern, journaliste au *Süddeutsche Zeitung* et ancien officier détaché auprès des Cosaques. Si les volontaires orientaux affectent une certaine nonchalance au cantonnement, voire de la négligence dans le service, leur comportement au feu est de nature à inquiéter leurs adversaires. Les soldats espagnols peuvent leur être comparés.

Poliorcétique et castramétation : du grec πολιορκειν, l'art d'assiéger une ville, et du latin *castra* (« camp ») et *metari* (« mesurer »), l'art de tracer un camp de toile fut retrouvé sous Louis XIV par le colonel de Martinet, créateur de l'instrument de discipline du même nom.

***Regimental combat team* :** formation tactique interarmes composée de bataillons, copiée sur le système des Panzergrenadier, qui supprime l'échelon régimentaire dans les divisions américaines ou françaises d'après le modèle américain.

Roquer : summum de la virtuosité des états-majors, d'après le jeu d'échecs, qui consiste à varianter deux unités simultanément. Le fin du fin consiste à effectuer ce mouvement en première ligne sous le feu de l'ennemi.

SD : le Sicherheitsdienst, ou service de sécurité, appartient à l'administration de la SS, dont il constitue la police judiciaire. Il trouve son équivalent dans la prévôté de l'armée régulière, la Feldgendarmerie. La police secrète de l'armée régulière s'appelle la Geheimefeldpolizei. Ces trois services expédient des détachements dans les territoires occupés, jamais la GeStaPo, dont les compétences s'arrêtent aux frontières du Reich. Cette dernière n'a jamais opéré en France, contrairement à de vaines légendes, ce qui ne retire rien à son effroyable efficacité.

Sous Toulon et sous Marseille : cette préposition rappelle l'époque des fortifications urbaines, époque où les assiégeants se trouvaient sous les murs d'une ville. La locution « sous le commandement de » désigne une hiérarchie et non un site, la langue française exigeant cette précision.

Stratégie de grand style : inventée par Frédéric II le Grand, elle se caractérise par l'habilité dans la guerre de mouvement, que la stratégie moderne appelle la gesticulation *(sic)* dans la guerre, pour la différencier de la dissuasion nucléaire, qualifiée de gesticulation avant la guerre.

Stratégie indirecte : le modèle révolutionnaire depuis la Vendée jusqu'à Staline consiste à attirer l'attention de l'opinion et de l'ennemi sur une guerre aux frontières tandis qu'une opération de police éradique l'ennemi intérieur. Le modèle trotskiste consiste à déstabiliser l'adversaire par la révolution permanente. Selon les écoles de guerre occidentales, il s'agit de l'une des facettes de la guerre du faible au fort, afin d'obtenir sur un théâtre d'opérations extérieur un moyen de pression sur le pays adverse, appelé le sanctuaire.

Stavka : nom traditionnel du grand état-major sous les tsars, repris par Staline en 1941.

STO : service du travail obligatoire. Les lois du 4 septembre 1942 et du 16 février 1943, prises en application des accords d'armistice sur le maintien de la souveraineté de la France, reposent sur la réciprocité avec l'Allemagne qui consent à transformer le statut de prisonnier de guerre en travailleur, par une levée d'écrou qui épargne au soldat prisonnier le Conseil de guerre prévu par les règlements militaires. Les lois s'appliquent aussi aux travailleurs civils résidant en France, dont l'envoi dans des usines en Allemagne permet de faire rentrer au pays les paysans indispensables au ravitaillement. Les critères reposent sur les classes d'âge et les compétences professionnelles. Le statut du STO est distinct du travailleur volontaire pour l'expatriation, mais les avantages sociaux sont comparables. Après le conflit, une rude bataille juridique opposa les travailleurs forcés aux déportés, pour des questions de similitude de statut. Georges Marchais y fut impliqué.

Symbolique : plus que dans tout autre conflit, la symbolique prend une dimension considérable, soigneusement pesée par la propagande. Si le débarquement de Normandie est placé sous la protection fétiche de Mickey Mouse, celui de Provence, de par ses deux noms successifs d'Anvil et de Dragoon, se réfère manifestement aux plus vieilles légendes germano-scandinaves revues et corrigées par Wagner. La Grande-Bretagne en perte de vitesse, dont tous les moyens démographiques et industriels ont été absorbés par Overlord, cède la paternité de cette symbolique aux États-Unis, la future puissance dominante sur le Rhin. La symbolique agit aussi sur le choix du nom de la ligne bleue dans les Alpes-de-Haute-Provence, première étape à atteindre avant la ligne bleue des Vosges chère à Maurice Barrès. Quant à l'opération Satan, son titre est assez évocateur pour se passer d'un commentaire.

Thalweg : terme allemand du genre neutre, passé dans le langage militaire international. Il désigne un creux de vallée sur la ligne de ruissellement des eaux. Le thalweg permet à un petit groupe de s'infiltrer discrètement, à une troupe plus importante de progresser par le cheminement le moins fatigant, à l'abri de l'aviation en basse altitude, à condition de faire tenir les crêtes par des éclaireurs pour détecter les embuscades.

TED : tableau des effectifs et des dotations. L'argot de caserne prétend que le TED désigne le maximum prévu par les textes et que l'on ne verra jamais.

Tillac : de l'ancien scandinave *tilja*, planche au fond d'un bateau. Dans la marine ancienne, pont supérieur d'un bâtiment.

13e DBLE : au retour de Norvège, en transit par l'Angleterre, les légionnaires réclament leur retour à la maison mère de Sidi Bel Abbès. Ceux d'origine allemande et italienne doivent ensuite être mutés en Indochine, à l'abri des commissions d'armistice. Il reste à Londres les légionnaires vétérans de la guerre d'Espagne et quelques Allemands et Italiens. Ce ralliement d'un insignifiant détachement aboutit à une saga orchestrée par la propagande, ce qui ne retire rien au réel courage de ces hommes, mais jette une ombre injuste sur ceux qui ont préféré *Legio patria nostra*. L'historien Antony Clayton remarque : « Au début, une pareille renommée paraît invraisemblable. » Auxiliaire des Anglais, ce bataillon réduit participe à la campagne d'Érythrée, à l'affaire de Syrie où la British Petroleum a tant d'intérêts. La 13e DBLE se heurte au 6e REI. La Légion tire sur la Légion. Tandis que le général Dentz meurt dans un cachot, les fers aux pieds, la moitié des légionnaires prisonniers rallie la 13e DBLE. Le prince Amilakvari, Géorgien réfugié en France après la révolution communiste, commande la 13e DBLE à Bir Hakeim. Il est tué à El-Alamein. Après le débarquement de Provence, la 13e DBLE entre dans Lyon en avant-garde. L'hiver 1944 dans les Vosges voit certaines compagnies réduites à 30 survivants. Des déserteurs ukrainiens de la Waffen SS, après avoir assassiné leurs officiers, se rendent à la 13e DBLE, où un engagement leur est proposé en échange de l'amnistie. Ses problèmes de recrutement sont fondés sur trois motifs :

– un ragot prétend qu'elle ne connaîtra que des missions secondaires ;

– les officiers du dépôt de Sidi Bel Abbès détestent les FFL d'obédience britannique et envoient les meilleures recrues et le matériel vers le RMLE et le REC ;

– les volontaires rechignent à rejoindre les vétérans des Brigades internationales, qu'ils considèrent comme du gibier de potence prêt à les égorger en plein sommeil.

La fin de la guerre met un terme à ces querelles, lorsque la Légion envoie en Indochine d'autres vaincus en perdition, survivants du front de l'Est.

Troisième soutache : avant la dissolution des compagnies d'élite et la création du galon de 1re classe en bas de la manche, les cuirassiers avaient ce rang. En 1917, les cuirassiers à pied reçurent une troisième soutache de col pour compenser moralement leur transformation en fantassins. Ce précédent est aboli en 1918. La réforme de 1931 accorde deux soutaches aux pattes de col des unités combattantes, une seule aux unités de soutien, aucune aux services. Une troisième soutache est un privilège accordé par le général Maxime Weygand, ministre de la Guerre, aux troupes d'Afrique pour avoir consenti des missions de sacrifice pendant la deuxième quinzaine de juin 1940. Le gouvernement obtint l'armistice malgré la situation désespérée justifiable d'une capitulation sans conditions. Presque tous les Français présents en Provence portent trois soutaches. La réforme de 1981 a supprimé toutes les soutaches.

III/7e RTA : l'échelon du bataillon d'infanterie ou du groupe d'artillerie est mentionné en chiffres romains, précédant le chiffre du régiment. Selon les TED des différents belligérants, une unité élémentaire compte entre 150 et 200 hommes, un bataillon compte entre trois et cinq compagnies, un régiment entre trois et quatre bataillons. Une unité élémentaire s'appelle une compagnie dans l'infanterie, une batterie dans l'artillerie, un escadron dans la cavalerie montée ou blindée.

Unité : une grande unité est commandée par un général de division, une unité élémentaire par un officier subalterne, le plus souvent du grade de capitaine. Les guerres modernes aux puissants moyens de transmission introduisent un dialogue de plus en plus direct entre le premier et les seconds ; il en est de même entre le capitaine et ses sergents.

Varianter : orienter vers un site une colonne progressant en zone tactique, sans changer sa posture de combat.

Bibliographie

AGOSTINI (colonel, ex-sous-chef d'EM de la 1re armée), *Les Opérations de Provence. Le Débarquement de vive force du 6e corps d'armée américain*, Nice, juin 1948.

BLOND (Georges), *La Légion étrangère*, Paris, Stock, 1964.

BOUVET (général), « Commandos d'Afrique, de Bizerte au Rhin », in *Revue historique de l'armée*, n° 3, 1959.

CALMON (chef de bataillon), « La 9e division d'infanterie coloniale dans les combats pour Toulon, 20-29 août 1944 », in *Revue des forces terrestres*, n° 3, janvier 1956.

CLAYTON (Anthony), *Histoire de l'armée française en Afrique, 1830-1962*, traduction de Paul Gaujac, Paris, Albin Michel, 1994.

Collectif, *The seventh United States army, Report of operations, France and Germany, 1944-1945*, Heidelberg, 1946.

CROIDYS (Pierre), *Le Général Giraud*, Paris, éditions Spes, 1949.

DECOT (Daniel), *Pilote français sur la vallée du Rhône*, chez l'auteur, 6, rue Marsoulan, Paris, 1982.

DEVAUTOUR (colonel Paul), *La Provence dans l'histoire*, cours de l'École supérieure de guerre et de l'École d'état-major, Paris, 1966.

DEVAUTOUR (colonel Paul), *Le Débarquement de Provence*, cours de l'École supérieure de guerre et de l'École d'état-major, Paris, 1966.

EISENHOWER (général), *Les Opérations en Europe des forces expéditionnaires alliées, 6 juin 1944 – 8 mai 1945*, Paris, Charles-Lavauzelle, 1947.

FIGHIERA (Charles-Alexandre) et VERAN (Danielle), « La vie d'autrefois », dans le catalogue du musée Masséna, Nice, 1987.

GARROS (lieutenant-colonel Louis), *Marsouins et Bigors*, Historama, spécial hors-série, n° 4, Paris, 1968.

GARROS (lieutenant-colonel Louis), *Les Africains*, Historama, spécial hors-série, n° 10, Paris, 1970.

GAUJAC (colonel Paul), *La Bataille de Provence 1943-1944*, Charles-Lavauzelle, 1984.

GAZOUNAUD (colonel), « Le Débarquement de Provence, 1944 », conférence devant l'EMA, 19 février 1947.

HENRY (Mark. R.), *The US army in world war II (2) the mediterranean*, men-at-arms, n° 347, Oxford, Osprey publishing, 2000.

KÉRILLIS (Henri de), *De Gaulle dictateur*, Beauchemin, 1945.

KRAUTKRAMER (Elmar), *Vichy-Alger (1940-1942)*, Œconomica, 1992.

LATTRE de TASSIGNY (général Jean de), *Histoire de la première armée française*, in-8°, Paris, librairie Plon, 1971.

LEVISSE-TOUZÉ (Christine), *L'Afrique du Nord dans la guerre*, Paris, Albin Michel, 1998.

LIDDELL HART (capitaine sir Basil), *Les Généraux allemands parlent*, Paris, Stock, 1949.

LYET (colonel P.), « Comment furent libérés Toulon et Marseille », in *Revue historique de l'armée*, 1958, n° 4.

MATLOFF, *The Anvil decision*, Office of the chief of military history, Harcourt, Brace & Co.

MICHELET (colonel Louis-Christian), *Les Revanchards de l'armée d'Afrique, 1940-1944*, Paris, éditions Godefroy de Bouillon, 1998, p. 288.

MONSABERT (Jacques de), *Les carnets du général de Monsabert*, Hélette, éditions Jean Curutchet, 1re édition 2000, 2e édition 2001.

MORISON (Samuel Eliot), *History of the United States naval operations in world war II. The invasion of France and Germany, 1944-1945*, Little, Brown & Co.

MORISON (Samuel Eliot), *The two-ocean war*, Little, Brown & Co, 1989.

MORLEY (Alain) et LE VAVASSEUR (Guy), *Guide Dexia des 10 000 musées et collections en France,* DOM-TOM, Andorre et Monaco, le cherche midi, 2002.

MUELLE (commandant Raymond), *Le 1er Bataillon de choc*, préface de Michel Poniatowski, sergent au 1er bataillon de choc, Paris, Presses de la cité, 1977.

NIGEL (Thomas) & ANDREW (Stephen), *The German army 1939-45, Western front 1943-45*, n° 336, Oxford, Osprey publishing, 2000.

NORD (Pierre), « Le débarquement de Provence », article paru dans *Historama*, n° 143 d'août 1963.

Ouvrage collectif, *Avec la 4e division marocaine de montagne*, Mulhouse, 1945.

PAILLOLE (colonel Paul), Interview donnée à la radio 95.6 le 29 janvier 2001.

PETIT (capitaine (h) Pierre), *Jeune de France, devoir et destin*, chez l'auteur, 37550 Saint-Avertin, 1994.

ROBICHON (Jacques), *Le Débarquement de Provence*, Paris, Robert Laffont, coll. « Ce jour-là », 1963.

SCHRODEK (G. W.), *Die 11.Panzer-Division*, Podzun Verlag.

Van HECKE (général A.S.), *Les Chantiers de la jeunesse au secours de la France*, 1941-1945, SADPF, Chiré-en-Montreuil, 2000.

VERNEJOUL (général Henri de) et DIRLEWANGER (Armand), *L'Autopsie d'une victoire morte, essai comparatif et non conformiste de la bataille d'Alsace en novembre et décembre 1944, d'après des études et archives françaises et allemandes, des témoignages et des rapports inédits,* préface du général de Langlade, Colmar, éditions SAEP, 1970.

VERNET (lieutenant-colonel Jacques), *L'Armée d'armistice 1940-1942, une petite armée pour une grande revanche*, symposium international d'histoire militaire, Carlisle Barracks Pa USA, 1982.

VERNET (lieutenant-colonel Jacques), *Le Réarmement et la Réorganisation de l'armée de terre française, 1943-1946,* Vincennes, 1980.

WEYGAND (général Maxime Weygand, de l'Académie française), *Rappelé au service*, Paris, Flammarion, 1950.

Périodiques :

- Historama, *Provence, août 1944*, n° 143, août 1963, p. 35 et *passim.*

Militaria magazine :

- *Provence 1944, cinquantième anniversaire*, par J.-P. André et J.-C. Leblond, n° 109, août 1994, p. 11 et *passim.*
- *Le Débarquement de Provence*, par Paul Gaujac, n° 133, août 1996, p. 46 et *passim.*

39/45 magazine mensuel :

- Numéro spécial Dragoon, *Le Débarquement de Provence*, n° 97, juillet 1994.
- *Les Français dans la campagne d'Italie*, n° 105, mars 1995, p. 32 et *passim.*
- *La Batterie du cap couronné*, *in* n° 107, mai 1995, p. 60 et *passim.*
- *Les Batteries d'artillerie côtière du secteur de Marseille*, n° 119, mai 96, p. 54 et *passim* ; n° 123, septembre 1996, p. 54 et *passim.*
- *Menton sous l'occupation italienne*, n° 121, juillet 1996, p. 42 et *passim.*
- *La Mise sur pied des 1re et 5e DB,* n° 137, novembre 1997, p. 8 et *passim.*
- *Le Général de Monsabert*, *in* n° 162, décembre 1999, p. 9 et *passim.*

- *L'Armée d'Afrique au secours de la métropole : les goums marocains*, n° 167, mai 2000, p. 2 et *passim.*

Archives :

- Le service historique de l'armée de terre, cartons des séries H, N et P, château de Vincennes.
- Les archives du Grand Orient de France, conservatrices de celles d'Alger.

http ://www.army.mil/cmh-pg/mohiia1.htm

Les musées

Alpes-Maritimes (06)

Villeneuve-Loubet, musée d'Art et d'Histoire militaire, place de Verdun, 04 93 22 01 56. O. lun.-ven. 9-12 h et 14-18 h. O. sam.-dim. 9 h 30-12 h. Armes, uniformes, militaria.

Bouches-du-Rhône (13)

Aix-en-Provence, archives de l'Algérie, centre de documentation, 8, rue des Allumettes, 04 42 25 98 95. O. sur rv. L'Algérie française de 1830 à 1962.

Aix-en-Provence, espace historique du camp d'internement, Les Milles, 2, rue Adrien-Duberc (ancienne tuilerie et ancienne gare), 04 42 24 34 68 / 27 84 66 (fax) + 04 91 04 75 00 / 42 24 33 02. O. lun., mer. et jeu. 9-12 h et 14-18 h, ven. 9-12 h. Wagon et baraquement d'internés allemands hostiles au national-socialisme.

Aubagne, musée de la Légion étrangère, quartier Viénot, 04 42 18 82 99. O. tlj (sf lun.) 10-12 h et 14-18 h (1/6-30/9). O. mer., sam. et dim. 10-12 h et 14-18 h. La Légion étrangère de 1832 à nos jours : armes, militaria, mannequins.

Puyloubier, musée de l'Uniforme légionnaire, dans l'institution des Invalides, 04 42 66 38 20 / 26 (fax). O. tlj (sf lun.) 10-12 h et 14-17 h. 200 uniformes, 94 mannequins de 1831 à 1954.

Var (83)

Broves-en-Seillans, musée du Souvenir, 04 94 84 77 93 / 76 84 81. O. lun.-ven. 15-18 h. Débarquement de Provence, véhicules et matériel.

Draguignan, musée de l'Artillerie, École d'application de l'artillerie, quartier Bonaparte, avenue de la Grande-Armée (D 59), 04 98 10 83 85 / 83 86 / 80 04. O. lun.-jeu. (sf jf) 8 h 30-12 h et 14 h 15-18 h et ven. 8 h 30-12 h et 14 h 15-17 h. Artillerie de campagne des Alliés, pièces statiques du Südwall.

Fréjus, musée des Troupes de marine, quartier Lecocq, route de Bagnols-en-Forêt, 04 94 17 86 55 / 40 81 71 / 17 86 56 (fax). O. tlj (sf mar., sam. et Noël) 10-12 h et 15-19 h (15/6-15/9) et 14-18 h (15/2-15/6 et 15/9-15/11). Armes, uniformes, militaria, peintures, objets d'art des troupes coloniales.

La Seyne-sur-Mer, Musée municipal du fort Balaguier, corniche Bonaparte, 04 94 94 84 72. O. mar.-sam. 10-12 h et 15-19 h (15/6-15/9) et tlj 10-12 h et 14-18 h (hiv.). Fortification du XVIIe siècle, site de combat de 1944.

Le Muy, musée du 15 août 1944, ancien moulin à huile, RN 7, 04 94 45 12 79 / 19 84 24 / 45 06 67 (fax). O. s rv. jeu. et dim. 10-12 h (1/5-31/10). 20 mannequins en uniforme, souvenirs de la division parachutiste alliée, un poste de pilotage de planeur, véhicule d'époque.

Régusse, maison du Combattant, 2, rue de l'Église, 04 94 85 64 11. O. sam. 15 h 30-19 h 30 et dim. 10-12 h et 15 h 30-19 h 30 (1er/6-30/9). Insignes, mannequins et armes des deux guerres mondiales.

Toulon, musée du Bâtiment de transport de chars Dives, quartier du Mourillon, avenue des Tirailleurs-Sénégalais, 04 94 02 06 96 / 26 00. O. tlj 10-19 h (mai-oct.). Navire visitable et véhicules anciens blindés et amphibies.

Toulon, musée du Débarquement de Provence, mont Faron, 04 94 88 08 09. O. mar.-dim. 9 h 30-11 h 30 et 14 h 30-17 h 30 (été), fermé à 16 h 30 (hiver). Armes, uniformes, maquettes, films d'archives.

Index

Remerciements

L'éditeur et l'auteur expriment plus particulièrement leur gratitude à :

Feu Son Altesse Royale le prince Ali, de la dynastie Khadjar, lieutenant (h) de volontaires étrangers ; M. Agop Balian, directeur de la radio arménienne 99.5 FM ; M. Thierry Bouzard, musicologue ; Mme veuve Marcel Brochart, qui conserve les souvenirs de son mari, le chef de bataillon ; Mme veuve Robert Cazettes, qui conserve les souvenirs de son mari, capitaine de chasseurs d'Afrique ; M. Charron, secrétaire de la section des Pyrénées-Atlantiques de l'Association des anciens combattants du corps expéditionnaire français en Italie ; M. Jean-Marie Curutchet, historien ; Mme Laure Delfau de Belfort, ancienne conductrice ambulancière ; M. Christophe Deschodt, conservateur du musée d'Ambleteuse ; M. Guy Devautour, historien ; M. Jean Ghenassia, vétéran de l'armée d'Afrique et membre de l'ADIMAD ; M. Jean-Jacques de Lagrange, historien ; M. Helmut Langenbach, membre du Kyffhaüserbund ; M. Henri Lappeman, vétéran du 20e chasseurs ; le Pr Arnaud Laspeyres, capitaine (h), docteur en histoire ; M. Dominique Lormier, historien et romancier ; M. J. F. Mariotti, archéologue sous-marin, DRAC de Poitiers ; M. Pierre Mollier, conservateur de la bibliothèque, des archives et du musée du GODF ; le chef de bataillon® Raymond Muelle, ancien élève de Cherchell, vétéran du bataillon de choc ; M. Natali, conservateur adjoint du musée Masséna ; M. Constantin Parvulesco, photographe ; le chef de bataillon® Bernard Rastouil ; Mme Jean-Claude Pérez, épouse du docteur, née Jacqueline Goutermanoff ; M. le capitaine (h) Pierre et son frère M. Marcel Petit, respectivement vétéran du 7e RCA et parachutiste SAS ; M. Jean-Paul Rigambert, chef du service juridique du groupe Tallandier-Le Point ; feu M. Salem-el-Cheikh, vétéran du 7e RTA ; M. l'abbé Vincent Serralda (†), sergent-chef au 8e RTM ; MM. François et Pierre de Vernejoul ; le colonel® Jacques Vernet, rédacteur en chef (h) de la *Revue historique des armées* ; M. Bernard Zeller, de l'association des amis de Raoul Salan ; M. Karl Zindler, président de la Kameradschaft d.ehem. 11e Panzerdivision.

Table

DANS LA COLLECTION « DOCUMENTS »
au cherche midi

CHRISTINE ABDELKRIM-DELANNE
Guerre du Golfe
La sale guerre propre

GEOFFROY D'AUMALE
JEAN-PIERRE FAURE
Guide de l'espionnage et du contre-espionnage
Histoire et techniques

ANDRÉ BENDJEBBAR
Histoire secrète de la bombe atomique française

GWEN-AËL BOLLORÉ
J'ai débarqué le 6 juin 1944

MICHEL BÜHRER
Rwanda, mémoire d'un génocide
textes et photographies

VIRGINIE BUISSON
Lettres retenues
Correspondance confisquée des déportés de la Commune en Nouvelle-Calédonie

JÉRÔME CAMILLY
6 juin 1944, le débarquement

BARTHÉLÉMY COURMONT
Terrorisme et contre-terrorisme

ALEXANDRE DOROZYNSKI
Moi, Vladimir Oulianov, dit Lénine
Le roman du bolchevisme

JEAN-LUC EINAUDI
Un Algérien, Maurice Laban

Viêt-nam
La guerre d'Indochine (1945-1954)

TRISTAN GASTON-BRETON
Sauvez l'or de la Banque de France !
L'incroyable périple (1940-1945)

JOSEPH GOURAND
Les Cendres mêlées

JEAN-PIERRE GUICHARD
De Gaulle face aux crises

DOMINIQUE LORMIER
Les Combats victorieux de la Résistance dans la Libération, 1944-1945

Rommel, La fin d'un mythe

MARTIN MONESTIER
Peines de mort
Histoire et techniques des exécutions capitales des origines à nos jours

KEIJI NAKAZAWA
J'avais six ans à Hiroshima, le 6 août 1945, 8 h 15

MAURICE RAJSFUS
Drancy, un camp de concentration très ordinaire, 1941-1944

La Police de Vichy,
les forces de l'Ordre françaises au service de la Gestapo, 1940-1944

L'Humour des Français sous l'Occupation
en collaboration avec Ingrid Naour

La Censure militaire et policière 1914-1918

De la victoire à la débâcle 1919-1944

Opération étoile jaune
suivi de
Jeudi noir

JACQUES ROSSI
Manuel du goulag

Qu'elle était belle cette utopie
Chroniques du goulag

Jacques le Français,
pour mémoire du Goulag
en collaboration avec Michèle Sarde

Composition et mise en pages par DV Arts Graphiques à Chartres
Imprimé en France par la Société Nouvelle Firmin-Didot
Dépôt légal : juin 2003
N° d'édition : 992 - N° d'impression : 68948
ISBN : 2-86274-992-3